LiteraNova

Herausgegeben von Helmut Flad

Peter Stamm
Sieben Jahre

Erarbeitet von Maren Rennoch

Inhalt

Vorwort — 3

Außenansichten – Fassade — 4
    Zeitliche Einordnung der Handlung — 4
    Schauplätze — 6
    Die handelnden Personen — 8

Statik — 10
    Aufbau des Romans — 10
    Sprache und Erzählstil — 12

Innenansichten — 14
    Sonja — 14
    Iwona — 16
    Alex — 18
    Ein Mann zwischen zwei Frauen — 20
    Paare — 22

Licht und Schatten — 24
    Sophie – unvergleichlich? — 24
    Adoption aus sozialen Gründen *oder* „Wo hat es ein Kind besser?" — 26
    Die „Macht der Liebe" und der freie Wille — 28
    Leben in der Illegalität — 30

Baupläne und Stile — 32
    Le Corbusier: Architektur als soziale Aufgabe — 32
    Aldo Rossi: Ablehnung des Moralismus in der Architektur — 34
    Étienne-Louis Boullée: Vereinigung von Wissenschaft und Kunst — 36

Baugrund und Fundament — 38
    Eine biblische Dreiecksgeschichte — 38
    „Und jedem Anfang wohnt ein Zauber inne" — 40
    Das fremde, gefühllose Wesen mit dem Panzer — 42

Zusatzmaterialien — 44
    Eine Beziehung vom Reißbrett — 44
    Der „Architekt" des Romans — 45

Vorschläge für Klassenarbeiten — 46

Vorschläge für Referate, Projekte, Facharbeiten — 47

Quellenverzeichnis und Literaturhinweise — 48

Vorwort

„Ich versuche so eine Art Literatur der Räume zu schreiben, nicht der Fassaden", sagt der Schweizer Autor Peter Stamm 2009 in einem Interview auf der Frankfurter Buchmesse kurz nach Erscheinen seines Romans *Sieben Jahre*. Die Aussage scheint ganz besonders zutreffend für ein Werk zu sein, in dem die Protagonistinnen und Protagonisten Architekten sind und zu einem nicht unerheblichen Teil über ihre Auffassungen über Architektur charakterisiert werden. Stamm zeigt zum einen die Fassade eines erfolgreichen Ehepaares, des durch und durch bürgerlichen Architekten Alex und der intelligenten, schönen Architektin Sonja, die ein eigenes Büro haben; zum anderen beschreibt er die komplexen Räume dahinter, die Gefühle beherbergen, dem Spiel von Licht und Schatten ausgeliefert sind und die, so der Architekt Aldo Rossi im Roman, den Blick in Abgründe freigeben (vgl. S. 59).

Hat jemand, der uns liebt, Macht über uns? Dies ist nach eigenem Bekunden die Ausgangsfrage, die Peter Stamm beim Schreiben des Romans bewegt hat. Der Protagonist Alex empfindet es so, wenn er über Jahre nicht von der einfachen, unattraktiven und streng religiösen polnischen Hilfsarbeiterin Iwona loskommt, mit der er schließlich sogar das Kind zeugt, das seiner „perfekten" Ehe mit der Architektin Sonja noch gefehlt hat.

Die besonderen Umstände dieser Dreiecksgeschichte führen dazu, dass zahlreiche unterschiedliche für den Deutschunterricht ergiebige Themen berührt werden, zu deren Bearbeitung die Kopiervorlagen eine Basis bilden: Es geht um das Selbstverständnis von Architekten, die zwischen künstlerischem Anspruch und der Zweckmäßigkeit ihrer Werke eine Balance finden müssen; um verschiedene Entwürfe von Paarbeziehungen; um die Frage, wie es zu Dreiecksbeziehungen kommt und wie weit der Mensch in Bezug auf die Liebe einen „freien Willen" hat; um die besondere Situation von illegal in Deutschland lebenden Menschen oder auch die Frage, inwiefern eine Adoption aus sozialen Gründen gerechtfertigt ist. Darüber hinaus bezieht sich der Autor explizit auf andere literarische Werke, was eine Verbindung zu vorangegangenen oder zukünftigen Einheiten des Literaturunterrichts ermöglicht. Da ist zum einen die alttestamentarische Erzählung von Jakob und seinen beiden Frauen Lea und Rahel (auf die indirekt auch der Titel des Romans hinweist). Die Polin Iwona wird an anderer Stelle mit Gregor Samsa aus Kafkas *Verwandlung* verglichen, nicht zuletzt wird aus Hesses Gedicht *Stufen* zitiert, in dem die Metapher des Raumes bezeichnenderweise ebenfalls eine Rolle spielt.

Die Themen des Romans sowie die zeitgeschichtlichen und literarischen Anspielungen empfehlen ihn als Lektüre ab Klasse 10. Der Aufbau der Kopiervorlagen folgt dem Gedanken, den die Literaturkritikerin Sandra Kegel in der FAZ formuliert hat: „Für Le Corbusier ist Architektur das kunstvolle, genaue und großartige Spiel der unter dem Licht versammelten Baukörper: Lichter und Schatten enthüllen die Formen. Diesem Gedanken folgend, hat Peter Stamm seinen neuen Roman konstruiert und erweist sich dabei als großartiger literarischer Baumeister. Denn was er seinen Protagonisten Alex über das Bauen von Häusern sagen lässt, gilt auch für seine eigene Kunst des Erzählens […]." (Kegel, vgl. Literaturhinweise, S. 48)

Führt man den Vergleich zwischen einem Gebäude und einem Roman weiter aus, so ergeben sich die Kapitelüberschriften für die Kopiervorlagen und die inhaltliche Zuordnung der Themen: Der Außenansicht entsprechen die Grundparameter eines Romans: Zeit, Ort, handelnde Personen. Der Statik entspricht das, was das literarische Gebäude überhaupt zusammenhält: die gedankliche Struktur bzw. der Aufbau und die Sprache. Die Gestaltung der Charaktere führt zu Innenansichten, während dem Spiel von Licht und Schatten die zentralen Probleme und Themen zugeordnet sind. Das literarische Fundament bilden diejenigen Texte, auf die sich der Autor bezieht. In der Sequenz „Baupläne und Stile" werden die grundlegenden architektonischen Ideen vorgestellt, die Peter Stamms Protagonistinnen und Protagonisten weit über die Architektur hinaus auf andere Handlungsfelder übertragen. Nicht zuletzt entspricht der Autor dem Architekten oder „Baumeister" eines Gebäudes.

Die Aufgaben der Kopiervorlagen sind so konzipiert, dass eine weiterführende produktive und erörternde Erarbeitung sowie Hintergrundrecherchen stets auf der Basis einer genauen Textanalyse erfolgen.

Günstig ist es, wenn parallel zur Lektüre im Kunstunterricht das Thema „Architektur" behandelt wird und die Kopiervorlagen 15, 16 und 17 dort vertieft werden.

Unter den Vorschlägen für Klassenarbeiten wird für die drei in der Sekundarstufe II und im Zentralabitur üblichen Aufgabenarten jeweils ein Thema angeboten.

Die im Roman angesprochenen Themen lassen sich zu größer dimensionierten fächerübergreifenden Projekten oder Facharbeiten ausweiten, die literarische, künstlerische (bezogen auf Architektur), gesellschaftliche oder psychologische Fragen vertiefen.

Zitiert wird nach der 2011 im Fischer Taschenbuch Verlag erschienenen Ausgabe (© 2009 by Peter Stamm. S. Fischer Verlag GmbH, Frankfurt am Main 2009).

Außenansichten – Fassade

Zeitliche Einordnung der Handlung

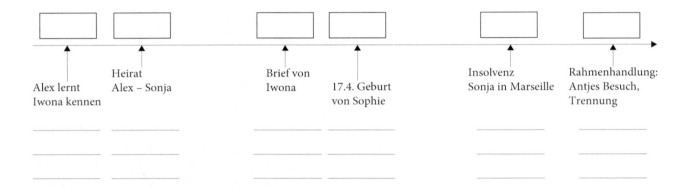

1 Der Strahl stellt eine Zeitleiste dar, auf der einige wesentliche Ereignisse des Romans in ihrer chronologischen Reihenfolge angegeben sind.
Suchen Sie aus dem Text die zugehörigen Jahreszahlen heraus und tragen Sie sie in die Kästchen ein.
Geben Sie jeweils mindestens einen Textbeleg an, der die Zuordnung begründet.

2 a Berechnen Sie die Zeitspannen, die zwischen den einzelnen Ereignissen liegen.
b Stellen Sie eine Verbindung zum Titel des Romans her.

3 Die Zahl Sieben hat seit Menschengedenken eine symbolische Bedeutung. Sie gilt als Zahl der Fülle und Vollständigkeit. Bereits im Alten Testament ist die (göttliche) Sieben eine Zahl für einen besonderen, abgeschlossenen Zeitraum (siehe Schöpfungsgeschichte), eine runde, vollständige (göttliche) Größe.
Untersuchen Sie, inwiefern diese symbolische Bedeutung der Zahl Sieben auf Peter Stamms Roman bezogen werden kann.

Außenansichten – Fassade

Zeitliche Einordnung der Handlung

Die sprunghafte Erzählweise (siehe KV 4) hat zur Folge, dass sich die Chronologie der Ereignisse beim ersten Lesen noch nicht erschließt. Diese Kopiervorlage dient dazu, sie nachzuvollziehen und auf einem Zeitstrahl zu veranschaulichen. Sie hilft auch, die Handlung des Romans zu rekapitulieren und Verständnisschwierigkeiten zu klären, die sich z. B. auch aus Unkenntnis der politischen Ereignisse des Jahres 1989 oder der Wirtschaftskrise von 2004 ergeben können. Das Suchen von Textbelegen führt zu einem zweiten Lesen bzw. „Querlesen" des Romans, das für eine generelle Orientierung und eine weitergehende Analyse und Interpretation, wie sie auf den nachfolgenden Kopiervorlagen angeregt wird, unbedingt erforderlich ist. Wenn die Zeitspannen zwischen den Ereignissen ermittelt werden, insbesondere zwischen den Begegnungen des Ich-Erzählers mit seiner polnischen Geliebten, trägt dies zu einer ersten Klärung des Romantitels und des Symbolgehalts der Zahl Sieben bei.

1 Lösung

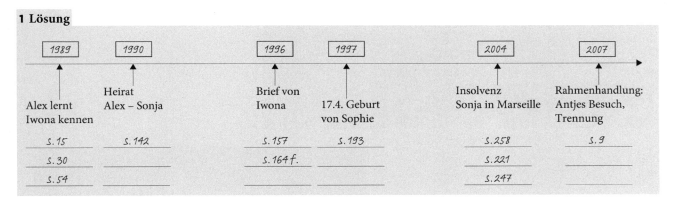

2 a Die Zeitspanne von 1989 bis 2007 umfasst 18 Jahre. Der Ich-Erzähler sagt, dass er und Sonja es „achtzehn Jahre miteinander ausgehalten" haben (S. 143). Zwischen der Zeit des Kennenlernens und Iwonas Brief liegen fast sieben Jahre (S. 157). Zwischen der Ankunft des Briefes und der Geburt der Tochter Sophie liegt fast ein Jahr: Als Alex von der Schwangerschaft im November erfährt, ist Iwona im 4. Monat, das erste Wiedersehen seit diesem Zeitpunkt sechs Monate her (vgl. S. 177 und S. 173). Fünfzehn Jahre nach der ersten Begegnung sucht Alex nach jahrelanger Pause erneut Iwona auf („Seit fünfzehn Jahren jagt sie einem Phantom hinterher, einer unmöglichen Liebe", S. 247). Zu diesem Zeitpunkt im Jahr 2004 ist Sophie sieben Jahre alt, d. h., auch hier liegen sieben Jahre zwischen den Begegnungen. Zum Zeitpunkt der Trennung ist Sophie zehn Jahre alt (S. 9), dies deckt sich mit der Angabe, dass es drei Jahre dauert, um aus der wirtschaftlichen Krise herauszukommen (S. 268).

b Der Titel mit der symbolisch aufgeladenen Zahl Sieben verweist auf die Abstände, in denen der Ich-Erzähler versucht, von Iwona loszukommen. Doch spätestens nach sieben Jahren verspürt er das unwiderstehliche Verlangen, sie wiederzusehen. Er nimmt jede Hürde, ihren Aufenthaltsort zu erfahren, und verfällt ungeachtet aller Alterungserscheinungen und der Folgen für seine Ehe und die berufliche Zukunft immer wieder auf rätselhafte Weise einer Frau, die so gar nicht zu ihm zu passen scheint. Die unheimliche Macht, die Alex ihrer Liebe zu ihm zuschreibt (vgl. z. B. S. 56 f.), scheint ihn in regelmäßigem Abstand von sieben Jahren zu ihr zu treiben.

3 Die Zahl Sieben hat seit jeher in Mythen und Märchen und bis heute eine magische Bedeutung. Jürgen Werlitz (siehe Literaturhinweise, S. 48) weist darauf hin, indem er schreibt: „Und ob vom siebten Himmel, von den sieben Künsten und Wissenschaften gesprochen wird, ob die sieben Zwerge hinter den sieben Bergen oder die sieben Brücken, die man zu überqueren hat, wie in dem (Siebener-)Lied der Gruppe Karat, die Sieben ist eine extrem symbolträchtige Zahl geblieben." (Werlitz, S. 279)

Auch in der Bibel spielt die Zahl Sieben an vielen Stellen eine entscheidende Rolle, angefangen von der Schöpfungsgeschichte und der Entstehung der Welt in sieben Tagen bis hin zu den sieben Worten Jesu am Kreuz. In Bezug auf die im Roman erwähnte alttestamentarische Erzählung von Jakob, Lea und Rahel (siehe KV 18) heißt es bei Werlitz: „Im Sinne des vollständigen Zeitraums sind beispielsweise auch die sieben fetten und sieben dürren Jahre der Josephsgeschichte zu verstehen (Gen. 41,2–3) sowie die zweimal sieben Jahre, die Jakob bei Laban diente (Gen. 29)." (Werlitz, S. 276)

Alex wendet sich Iwona stets in Umbruchphasen seines Lebens zu, wenn etwas Altes endet (z. B. die Studienzeit; die Zeit, in der er und Sonja sich eine Existenz aufbauen; die Zeit des beruflichen Erfolgs) und ein neuer Abschnitt beginnt. Durch Iwonas Religiosität und rätselhafte Anziehungskraft auf den Ich-Erzähler erscheint die Regelmäßigkeit der Abstände von sieben Jahren als gottgegeben und zwangsläufig.

Außenansichten – Fassade

Schauplätze

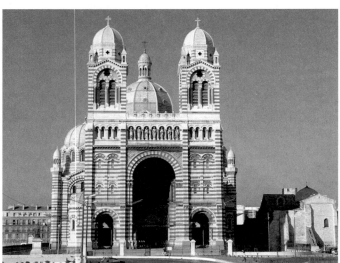

1 Alex beschreibt Sonjas Beziehung zum Wohnort der Familie, Tutzing bei München:
„Sie habe sich nie wohl gefühlt hier, das sei nicht ihre Welt." (S. 291)
Andererseits äußert er sich über Marseille:
„Ich sagte, Marseille sei eine schöne Stadt, aber leben möchte ich da nicht." (S. 227)
a Vergleichen Sie die beiden abgebildeten Kirchen. Welche steht in München und welche in Marseille?
(Tipp: Die Kathedrale von Marseille wird im Roman beschrieben.)
b Inwiefern ist der Baustil repräsentativ für Alex' Einstellung zu den Städten München und Marseille?
c Erläutern Sie, welches Verhältnis Sonja zur französischen Stadt Marseille hat, und belegen Sie Ihre Aussagen mit Textstellen.

2 Alex vergleicht das von Sonja entworfene Haus am See mit dem von der Familie tatsächlich bewohnten Reiheneinfamilienhaus in Tutzing bei München.
a Suchen Sie die Textstelle heraus, die beide Häuser beschreibt.
b Zeichnen Sie die Häuser und schreiben Sie die charakteristischen Eigenschaften der Gebäude darunter.
c Erläutern Sie im Rahmen eines Vergleichs der Häuser, warum Sonja sich in dem Tutzinger Haus „nie wohl gefühlt" (S. 291) hat.

Außenansichten – Fassade

Schauplätze

In einem Interview äußert sich Peter Stamm zur Frage, ob sich Orte und Landschaften eignen, um Menschen zu beschreiben, folgendermaßen: „Ich denke schon. Ich glaube, dass Landschaften und Klima die Menschen mindestens so sehr prägen wie ihre Kultur. Außerdem spielen die Orte in den Texten auch eine Rolle, ich schreibe keine Reiseführer, aber Orte haben Atmosphären, eine Geschichte, von manchen Orten gibt es feste Bilder, Klischees, mit denen oder gegen die man arbeiten kann." (Vgl. Quellenverzeichnis, S. 48.)

Die Handlung des Romans spielt an den Schauplätzen München/Tutzing und Marseille. Den Hauptpersonen kann man dabei jeweils eine besondere Affinität zu einem der beiden Schauplätze zuordnen, was sich als Einstieg in eine später noch zu differenzierende Charakterisierung verwenden lässt (siehe KVen 6, 8, 10). Natürlich kann man die beiden Großstädte Marseille und München nicht auf einen Baustil festlegen, aber in der Wahrnehmung der Figuren scheint München für das Einrichten im Bestehenden und die Orientierung an den Vorbildern der Vergangenheit zu stehen, während Marseille als Stadt der modernen, zukunftsorientierten Architektur dargestellt wird, in der es auch noch Aufträge für kreative Architekten gibt, als in Deutschland/München die Baubranche von der Krise erschüttert wird und viele Architekturbüros von Insolvenz bedroht sind.

Exemplarisch für die Wahrnehmung der Städte sind hier die beiden großen Kirchenbauten abgebildet. An der im Text ausdrücklich erwähnten Kathedrale in Marseille (s. S. 283) wird die unterschiedliche Haltung von Sonja und Alex besonders deutlich.

1 a Die obere Abbildung stellt die Münchener Frauenkirche dar, erbaut zwischen 1468 und 1525. Die Türme sind der bayerischen Hauptstadt zum Wahrzeichen geworden. Die untere Abbildung zeigt die Kathedrale in Marseille, fertiggestellt 1896 nach den Plänen des Architekten Léon Vandoyer. Sonja zündet in dieser von Alex als „scheußlich" (S. 283) beschriebenen Kirche während des Insolvenzverfahrens eine Kerze für ihre Familie an und berichtet, sie „sei oft da gewesen in den letzten Monaten, habe sich einfach hineingesetzt und nachgedacht" (S. 283).

b Alex' Verhältnis zu Marseille wird deutlich, wenn man seine Fantasie von einem Zusammenleben mit Sonja in der Cité Radieuse liest (S. 79). Er fasst diese Vision zusammen: „[…] alles sehr ästhetisch, sehr kühl und intellektuell." Wirklich behaglich ist ihm Marseille nicht. Dies wird auch deutlich an seiner Antwort auf Sonjas Frage, ob es nicht schön sei, in Marseille zu wohnen: „Ja, sagte ich, um ihr einen Gefallen zu tun oder vielleicht, weil ich es in diesem Moment wirklich glaubte, und vergaß, dass ich kaum französisch sprach und nie eine anständige Arbeit finden würde in dieser Stadt." (S. 95)

Über die Tutzinger Heimat äußert sich Alex dagegen ganz anders: „Früher hatte mich diese Landschaft gelangweilt, aber je länger ich hier wohnte, desto mehr sah ich ihre Schönheit." (S. 60) Mit der Stadt München assoziiert Alex die Biergärten und das „einfache" Studentenleben: „Der Biergarten war voller schöner junger Menschen in leichten Kleidern, die von hier aus wohl weiterziehen würden in andere Lokale, ins Kino oder ins Theater." (S. 218) Gegenüber Sonja gesteht er am Ende des Romans: „[…] ich wäre immer lieber in der Stadt geblieben" (S. 291) und meint München.

c Sonja dagegen verbringt die schönste Zeit ihres Lebens in Marseille, bezeichnenderweise ohne Alex („Trotzdem sei es vielleicht die schönste Zeit ihres Lebens gewesen", S. 98). Sie ist von der Architektur Le Corbusiers begeistert (S. 77 f.). In Zeiten der Krise sucht sie den Abstand von Alex und geht nach Marseille, was Alex als Flucht auffasst (siehe S. 255). Sonja hat in Marseille ohne die Nähe zu Alex oder Sophie immer besonders kreative Arbeitsperioden und kann sich dort weiterentwickeln („Albert habe sie alles machen lassen und sie habe unglaublich viel gelernt", S. 98; „Sonjas Stil hatte sich verändert, sie hatte sich endgültig von ihren Vorbildern befreit und ihre eigene Sprache gefunden," S. 288). So ist es nur konsequent, dass sie nach der Trennung beschließt, nach Marseille zu gehen (S. 290) und dort ähnlich wie Antje ein eigenständiges, unabhängiges Leben zu führen.

Neben Marseille hat Sonja auch eine gewisse Affinität zu Dessau mit seiner Bauhaus-Architektur. Alex beschreibt ihr Verhalten in sexueller Hinsicht dort als deutlich freier als in München (S. 107). Dies kann man als weiteren Hinweis auffassen für Sonjas Unbehagen in dieser Stadt. Später übernimmt Sonja einen Lehrauftrag an der Fachhochschule in Dessau (S. 288), was für sie eine willkommene berufliche Herausforderung darstellt.

2 a S. 146 f.

c Das Tutzinger Haus ist Sonja zu kleinbürgerlich und konventionell. Es genügt in keiner Weise ihren hohen ästhetischen Ansprüchen (vgl. S. 163). Sie ärgert sich, dass die Menschen, für die sie Häuser baut, die Qualität nicht zu schätzen wissen, während sie sich ihr Traumhaus niemals wird leisten können (S. 147).

Außenansichten – Fassade

Die handelnden Personen

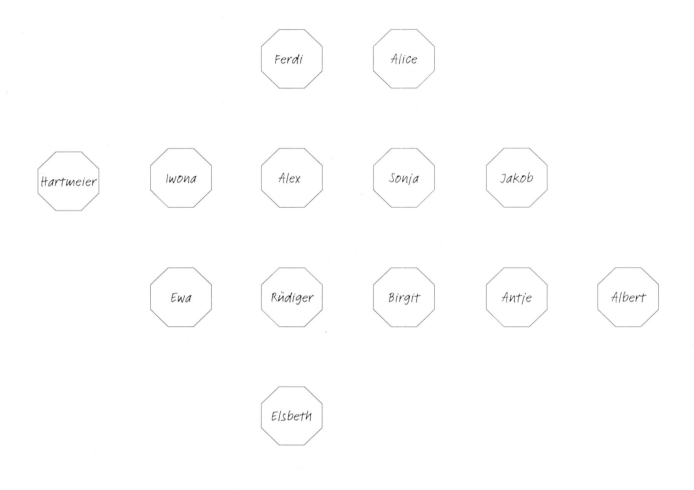

1 Zeichnen Sie mit Hilfe der in der Legende angegebenen Verbindungslinien das komplexe Beziehungsgeflecht der wichtigsten Romanfiguren.

2 Suchen Sie einen passenden Ort für Sophie und ergänzen Sie passende Verbindungen.

Außenansichten – Fassade

Die handelnden Personen

Die Handlung des Romans wird von einer größeren Zahl von Personen getragen, deren Beziehungen zueinander sehr unterschiedlich sind. Insbesondere innerhalb der Generation des Ich-Erzählers findet man zahlreiche Freundschaften und (ehemalige) Liebesbeziehungen, die die Lesenden kennen müssen, wenn sie die Motive des Handelns der Hauptfiguren verstehen wollen.

Diese Kopiervorlage dient den Schülerinnen und Schülern dazu, sich einen Überblick über die wesentlichen Figuren und ihre Beziehungen zueinander zu verschaffen. An eine tiefer gehende Charakterisierung ist hier noch nicht gedacht. Dennoch können im Auswertungsgespräch sicher auch schon einzelne charakterliche Besonderheiten angesprochen werden. Die Frage, wo das Kind Sophie hier einzuordnen ist, gibt Anlass, über ihre besondere Rolle nachzudenken. Biologisch ist sie das Kind von Alex und Iwona, wenngleich Sonja die Mutterrrolle übernimmt. Letztendlich steht dieses Kind jedoch ohne Mutter da, sodass auch nur eine Verbindung zu Alex in Frage kommt. Zu ihm stellt das Kind eine besondere Verbindung fest („[…] wir haben einfach denselben Geschmack", S. 227). An anderen Stellen wird jedoch auch immer wieder betont, dass Sophie ein sehr eigenständiges Wesen ist und eigentlich allen Erwachsenen fremd bleibt (S. 205: „Das anfängliche Gefühl von Fremdheit wich nur langsam. Manchmal vergaß ich fast, dass wir jetzt ein Kind hatten"; S. 205: „[…] sie gleicht niemandem, sie ist unvergleichlich"; S. 206: „Manchmal hatte ich den Eindruck, dass nichts von der Liebe, die ich für sie empfand, zurückkam, dass meine Gefühle verschwanden wie Materie in einem schwarzen Loch").

1/2 Lösung

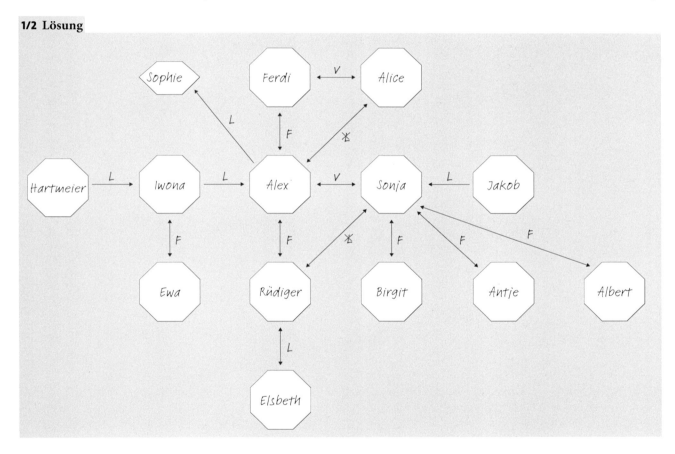

Statik

Aufbau des Romans

Textstelle	Inhalt	Zeit
S. 7–14	Eröffnung von Antjes Ausstellung, Gespräch auf der Heimfahrt	2007
S.	Alex lernt Iwona kennen, versuchte Vergewaltigung	

Der Roman ist äußerlich nicht durch eine Kapitelnummerierung oder durch Überschriften gegliedert.
Bei genauerem Hinsehen ergibt sich jedoch eine Gliederung in Abschnitte, die typografisch durch so genannte Majuskeln (verzierte Großbuchstaben am Anfang eines Wortes) gekennzeichnet ist.

1 Notieren Sie diese Abschnitte in der Tabelle. Fassen Sie den Inhalt in Stichpunkten zusammen.
Tragen Sie den Zeitraum ein, auf den sich der Inhalt bezieht.

2 Beschreiben Sie den Aufbau des Romans.

Statik

Aufbau des Romans

Das Textverständnis wird beim ersten Lesen erschwert durch die Sprünge in der Erzählung. Erst nach und nach wird deutlich, dass die weitgehende Chronologie der Ereignisse immer wieder unterbrochen wird durch meist kürzere Kapitel, die sich auf den in der Gegenwart abspielenden Besuch Antjes bei Sonja und Alex beziehen, sowie auf die Gespräche zwischen Alex und Antje, die den Anlass liefern für die weit ausholenden Erinnerungen des Protagonisten.

Die Geschichte der Dreiecksbeziehung zwischen Alex, Iwona und Sonja erhält durch die eingestreuten Kapitel der Rahmenhandlung, die den Lesenden eine scheinbar intakte Familie vorführt, ein Schein-Happyend. Die letztlich unvermeidliche Trennung kommt überraschend. So bleibt den gesamten Roman über eine gewisse Spannung erhalten.

Gleichzeitig geben die Kapitel der Rahmenhandlung dem Autor die Gelegenheit, die Ereignisse in Gestalt des reiferen Alex oder der älteren Freundin Antje zu kommentieren, was insbesondere bei der Schilderung der versuchten Vergewaltigung eine Distanzierung erlaubt.

Zur Lösung der Aufgaben dieser Kopiervorlage empfiehlt es sich, die Ergebnisse von KV 1 zu verwenden.

1 Lösung

Textstelle	Inhalt	Zeit
S. 7–14	Eröffnung von Antjes Ausstellung, Gespräch auf der Heimfahrt	2007
S. 15–59	Alex lernt Iwona kennen, versuchte Vergewaltigung	1989
S. 60–63	Kommentar zur Vergewaltigung, Antjes Bilder	2007
S. 64–95	Marseille, Tiervergleich, Gespräch über „große Liebe"	1989
S. 96–102	Jakobs Liebeserklärung, Heirat: Alex und Sonja	2007
S. 103–141	Dessau, Praktika, Mauerfall	1989
S. 143–150	Streit zwischen Alex und Sophie; Streit zwischen Antje und Sonja	2007
S. 151–199	Brief Iwonas, Kinderwunsch, Iwonas Schwangerschaft	1996
S. 200–203	Diskussion über freien Willen und die Macht der Liebe	2007
S. 204–225	Die ersten sieben Jahre mit Sophie, Krise im Büro	1997–2004
S. 226–232	Streit zwischen Sonja und Antje	2007
S. 233–289	Insolvenz, Kennenlernen von Ewa, Absturz	2004–2007
S. 290–298	Sonja trennt sich von Alex, Abflug von Antje	2007

2 Der Aufbau des Romans ist symmetrisch.
Er beginnt und endet mit der Rahmenhandlung; Rahmen- und Binnenhandlung wechseln regelmäßig ab.
Genau in der Mitte des Romans (S. 143–150) kommt es auf verschiedenen Ebenen zum Streit. In diesem Abschnitt wird die Problematik der Dreiecksbeziehung zusammengefasst und auf den Punkt gebracht, wie es sonst an keiner anderen Stelle im Roman der Fall ist.

Statik

Sprache und Erzählstil

An diesem Abend ging ich zu Iwona. Ich sagte, sie solle sich ausziehen, und schaute ihr dabei zu. Als sie ganz nackt war, legte sie sich auf das Bett wie eine Patientin auf den Untersuchungstisch. Ich blieb neben dem Bett stehen und schaute auf sie hinunter und fragte sie, wann sie nach Polen zurückgehe. Sie wollte sich zudecken, aber ich zog die Decke weg. Sie gehe nicht nach Polen zurück, sagte sie, und schaute mich an, als müsse ich mich darüber freuen. Ich kann nicht mehr zu dir kommen, sagte ich, ich habe eine Freundin. Seit wann? Ich sagte, ich sei seit dem Sommer mit Sonja zusammen. Vor mir? Kurz danach, sagte ich. Das schien sie zu befriedigen, zum ersten Mal sah ich in ihren Augen ein Aufbegehren, als wolle sie sagen, ich war zuerst da, ich habe die älteren Rechte. Aber sie sagte nichts.

1 Ordnen Sie diesen Textauszug grob in die Handlung ein.

2 Gibt die Zeichnung die Situation und das Verhältnis zwischen Alex und Iwona angemessen wieder?

3 a Unterstreichen Sie alle Konjunktivformen.
Um welche Form des Konjunktivs handelt es sich?
b Formulieren Sie den Text so um, dass das Gespräch in der direkten Rede wiedergegeben wird,
und ergänzen Sie die Satzzeichen.

4 Vergleichen Sie den Originaltext mit Ihrer Bearbeitung.
Welche Funktion hat das Erzählen im Konjunktiv?

5 Inwiefern spiegelt der Sprachstil dieser Textpassage das Verhältnis zwischen Alex und Iwona wider?

6 In einem Interview äußert sich Peter Stamm, dass es ihm darum gehe, „nichts sprachlich Aufgemotztes,
keine langen Sätze oder dicke Metaphern zu verwenden" (vgl. Quellenverzeichnis, S. 48).
Diskutieren Sie, ob ihm dies gelungen ist.

Statik

Sprache und Erzählstil

Peter Stamms Roman zeichnet sich durch eine klare, einfache Sprache aus, die häufig parallel gebaute Hauptsätze aneinanderreiht, von schlichten Satzgefügen unterbrochen (z. B.: „Er kam nach dem Abendessen. Ich machte ihm die Tür auf. Sonja stand hinter mir. Sie trug sonst meist Hosen, aber an dem Abend hatte sie ein schlichtes blaues Kleid angezogen, in dem sie sehr schön und ein wenig verletzlich aussah", S. 190). Für Schülerinnen und Schüler ist allerdings der ständige Wechsel zwischen indirekter und direkter Rede ohne entsprechende Satzzeichen gewöhnungsbedürftig.

Diese Kopiervorlage soll dazu dienen, den besonderen Sprachstil zu charakterisieren sowie dessen Bezug zum Inhalt des Romans herzustellen. Dabei wird das grammatische Wissen aus der Sekundarstufe I zur Verwendung des Konjunktivs I als Kennzeichen der indirekten Rede wiederholt.

1 Die Textstelle findet sich auf Seite 127. Sie beschreibt den vorläufig letzten Besuch des Ich-Erzählers bei Iwona, bevor Sonja von ihrem Praktikum in Marseille zurückkommt, um mit Alex bei ihren Eltern in München Weihnachten zu feiern.

Am Ende der gemeinsam verbrachten Weihnachtsferien beschließen Sonja und Alex zu heiraten. Es folgen die ersten Ehejahre, die vom gemeinsamen Aufbau des Architekturbüros geprägt sind und in denen Alex keinen Kontakt zu Iwona hat.

3 a Die unterstrichenen Konjunktiv-Formen entsprechen dem Konjunktiv I, mit dessen Hilfe in den meisten Fällen die indirekte Rede wiedergegeben wird:

> **Lösung**
>
> **3 a** An diesem Abend ging ich zu Iwona. Ich sagte, sie <u>solle</u> sich ausziehen, und schaute ihr dabei zu. Als sie ganz nackt war, legte sie sich auf das Bett wie eine Patientin auf den Untersuchungstisch. Ich blieb neben dem Bett stehen und schaute auf sie hinunter und fragte sie, wann sie nach Polen <u>zurückgehe</u>. Sie wollte sich zudecken, aber ich zog die Decke weg. Sie <u>gehe</u> nicht nach Polen zurück, sagte sie, und schaute mich an, als <u>müsse</u> ich mich darüber freuen. Ich kann nicht mehr zu dir kommen, sagte ich, ich habe eine Freundin. Seit wann? Ich sagte, ich <u>sei</u> seit dem Sommer mit Sonja zusammen. Vor mir? Kurz danach, sagte ich. Das schien sie zu befriedigen, zum ersten Mal sah ich in ihren Augen ein Aufbegehren, als <u>wolle</u> sie sagen, ich war zuerst da, ich habe die älteren Rechte. Aber sie sagte nichts.
>
> **b** An diesem Abend ging ich zu Iwona. Ich sagte: „Zieh dich aus" und schaute ihr dabei zu. Als sie ganz nackt war, legte sie sich auf das Bett wie eine Patientin auf den Untersuchungstisch. Ich blieb neben dem Bett stehen und schaute auf sie hinunter und fragte sie: „Wann gehst du wieder nach Polen zurück?" Sie wollte sich zudecken, aber ich zog die Decke weg. „Ich gehe nicht nach Polen zurück", sagte sie und schaute mich an, als müsse ich mich darüber freuen. „Ich kann nicht mehr zu dir kommen", sagte ich, „ich habe eine Freundin." „Seit wann?" „Ich bin seit dem Sommer mit Sonja zusammen", sagte ich. „Vor mir?" „Kurz danach", sagte ich. Das schien sie zu befriedigen, zum ersten Mal sah ich in ihren Augen ein Aufbegehren, als wolle sie sagen: „Ich war zuerst da, ich habe die älteren Rechte." Aber sie sagte nichts.

4 Die indirekte Rede ist ein Mittel der Distanzierung. Sie wird verwendet, um eigene und fremde Äußerungen möglichst neutral wiederzugeben. Die indirekte Rede ist typisch für Berichte und Protokolle, die in der Regel keine Wertungen des Gesagten vornehmen.

Der bearbeitete Text wirkt lebendiger. Hier ist der Ich-Erzähler direkter in die Handlung involviert. Der zeitliche und möglicherweise auch inhaltliche Abstand zum berichteten Geschehen wird nicht so deutlich herausgestellt.

5 Der Ich-Erzähler will mit Iwona nichts (mehr) zu tun haben. Dies wird auch auf sprachlicher Ebene deutlich. Er behandelt sie respektlos und verletzend, indem er ihr quasi im Befehlston mitteilt, wie sie sich verhalten soll. Über die eigenen Gefühle spricht er nicht. In kurzen Hauptsätzen informiert er sie lediglich über das Nötigste. Eine echte Kommunikation, die die Beziehungsebene ausdrücklich einbezieht, wird von Alex blockiert. Im Rückblick wird allerdings auch deutlich, dass Alex seinen distanzierten Bericht nicht durchhalten, dass er die Vergangenheit nicht ablegen kann, sondern involviert bleibt und die Konsequenzen seines Handelns bis in die erzählte Gegenwart tragen muss.

6 In der Tat ist es schwierig, in dem Roman etwas „sprachlich Aufgemotztes", lange Sätze oder „dicke Metaphern" zu finden. Dennoch liest sich der Text nicht leicht. Der ständige Wechsel zwischen direkter und indirekter Rede (wie auch der Wechsel zwischen den Zeitebenen) erfordert ein sehr aufmerksames Lesen.

Innenansichten

Sonja

Meisterhaus Feininger auf dem Bauhaus-Areal in Dessau, 2000

„Sonja schrieb einige Artikel für Fachzeitschriften und wurde zu Tagungen eingeladen und erhielt schließlich einen Lehrauftrag an der Fachhochschule in Dessau." (S. 288)
Stellen Sie sich vor, Sonja wird als neue Dozentin vom Dessauer Hochschulmagazin interviewt.
Beantworten Sie die Fragen zur Person und belegen Sie die Antworten mit Textstellen aus dem Roman.

*Sie werden demnächst als Dozentin Architekturstudenten an unserer Hochschule ausbilden.
Warum sind Sie Architektin geworden?*
Sonja:

Wie gehen Sie an die Planung eines Gebäudes heran?
Sonja:

Wie wichtig ist es für Sie, dass ein Gebäude nicht nur seine Funktion erfüllt, sondern auch noch schön anzusehen ist?
Sonja:

Haben Sie Vorbilder?
Sonja:

Was halten Sie von dem seit einiger Zeit „angesagten" Dekonstruktivismus?
Sonja:

Kennen Sie Dessau?
Sonja:

Was raten Sie Ihren Studierenden, die erfolgreiche ArchitektInnen werden möchten?
Sonja:

Haben Sie ein Lebensmotto?
Sonja:

Innenansichten

Sonja

Diese Kopiervorlage soll eine der drei zentralen Romanfiguren charakterisieren. Dabei konzentriert sich das fiktive Interview mit der angehenden Hochschuldozentin Sonja auf ihr Selbstverständnis als Architektin. Deutlicher als Alex oder die anderen Architekten im Roman äußert sie sich zu ihrem beruflichen Selbstverständnis und der Rolle der Architektur.

Die Antworten zu den Interview-Fragen kann man fast wörtlich aus dem Text entnehmen. Dabei offenbart Sonja jedoch viel mehr als nur einen äußerst idealistischen Standpunkt hinsichtlich ihrer gesellschaftlichen Funktion als Architektin. Nicht umsonst gerät sie mit ihren Vorstellungen immer wieder in Diskussionen mit Alex, die zeigen, dass hier nicht nur zwei unterschiedliche künstlerische Vorstellungen in Konkurrenz treten, sondern gänzlich unterschiedliche Einstellungen zum Leben. Sonja hat nicht nur eine Vorliebe für kühle Ästhetik und praktische Funktionalität, sondern verhält sich auch eher kühl und pragmatisch in ihrer Ehe. Alex bewundert dies und profitiert von ihrer auch in schwierigen Lebensphasen ungebrochenen Energie. Auf der anderen Seite bleiben wichtige Bedürfnisse auf der Strecke, die er nur im Kontakt zu Iwona befriedigen kann.

Tafelbild

Sie werden demnächst als Dozentin Architekturstudenten an unserer Hochschule ausbilden.
Warum sind Sie Architektin geworden?
Sonja: Ich glaube, dass man durch Architektur die Welt verändern kann (S. 111). Ich glaube, dass alle, auch sozial schwächer gestellte Menschen, einen würdigen Wohnraum haben sollten („soziale Wohnprojekte", S. 79).

Wie gehen Sie an die Planung eines Gebäudes heran?
Sonja: Es geht darum, Häuser für Menschen zu bauen. Der Bewohner ist mein Kunde (vgl. S. 33), er soll sich in den Häusern geborgen fühlen (S. 33). Ich stelle mir vor, welche Bedürfnisse er hat.

Wie wichtig ist es für Sie, dass ein Gebäude nicht nur seine Funktion erfüllt, sondern auch noch schön anzusehen ist?
Sonja: Proportionen, Form und Ästhetik sind sehr wichtig (S. 163). Architektur soll alle Sinne des Menschen ansprechen, sie will gesehen, berührt, gerochen und gespürt werden (S. 110).

Haben Sie Vorbilder?
Sonja: Ja. Le Corbusier. Er hat großartige Wohnblocks für Menschen geschaffen, wie z. B. die „Cité Radieuse" in Marseille. Bei ihm zeigt sich die Qualität eher in den Räumen als in den Fassaden. Er hatte die Idee, dass ein architektonisch wertvolles Gebäude die Bewohner zum Besseren verändern könne. Das beeindruckt mich (S. 65).

Was halten Sie von dem seit einiger Zeit „angesagten" Dekonstruktivismus?
Sonja: Vom Dekonstruktivismus wird in zwanzig Jahren kein Mensch mehr sprechen, aber Le Corbusier wird bleiben (S. 65).

Kennen Sie Dessau?
Sonja: Ja, ich war zweimal da. Einmal während meines Studiums und dann noch einmal nach meinem Abschluss. Besonders faszinierend sind die Meisterhäuser, diese Harmonie der Räume und die Allgegenwart des Lichtes, und dabei ist alles gleichzeitig so funktional (S. 106 f.)!

Was raten Sie Ihren Studierenden, die erfolgreiche ArchitektInnen werden möchten?
Sonja: Die Studierenden sollten sich mit Energie in das Studium stürzen und etwas aus ihrem Potenzial machen (anders als Rüdiger, S. 67). Man sollte sich nicht so schnell entmutigen lassen und aus den Fehlern, die man macht, lernen (S. 87).

Haben Sie ein Lebensmotto?
Sonja: Ich glaube an den Menschen und die Menschlichkeit (S. 83). Darüber hinaus halte ich mich an ein Wort von Hermann Hesse, das mein erster Chef in Marseille mir ans Herz legte: Damit das Mögliche entsteht, muss immer wieder das Unmögliche versucht werden (S. 110).

Innenansichten

Iwona

Hieronymus Bosch: Der Garten der Lüste. Triptychon. Ausschnitt aus dem rechten Flügel (Öl auf Holz, 1500)

1 Suchen Sie die Textstelle heraus, wo Alex die Bilder von Antje beschreibt.
Wie kommt er dazu, sie mit Boschs *Garten der Lüste* zu vergleichen?
Wie äußert er sich über Antjes Malerei?

2 Antjes Malerei ist der Ausgangspunkt für die Frage, mit welchem Tier man sich identifizieren könne. Auf die Feststellung, dass Sonja mit einem Meerschweinchen und Antje mit einem streunenden Hund zu vergleichen sei, stellt sich Alex die Frage, „welches Tier zu Iwona passte" (S. 73).
a Überlegen Sie sich ein passendes Tier. Verschaffen Sie sich ähnlich wie Alex (vgl. S. 78) entsprechende Informationen zu den Eigenheiten und Lebensgewohnheiten dieses Tieres.
b Zeichnen Sie das Tier oder fotokopieren Sie es und vermerken Sie die Eigenschaften, die es mit Iwona gemeinsam hat.

3 Alex sagt, er könne sich nicht erklären, weshalb er sich mit Iwona eingelassen habe (S. 244).
Vergleichen Sie die Beschreibung der Eigenschaften des Meerschweinchens (S. 78) mit denen des von Ihnen gewählten Tieres. Haben Sie eine Erklärung für Iwonas Anziehungskraft auf Alex?

Innenansichten

Iwona

Die Frage „Wenn du ein Tier wärst, welches würde zu dir passen?" („Was ist dein Lieblingstier und warum?") haben sich die Schülerinnen und Schüler möglicherweise schon einmal selbst gestellt. Sie ist reizvoll, weil man mit einer Antwort erwünschte oder vorhandene Eigenschaften und Fähigkeiten beschreiben kann, ohne dies direkt verbalisieren zu müssen.
Im Roman erörtern Alex und Antje diese Frage in Bezug auf Sonja. Alex kann nicht umhin, sie sich auch Iwona betreffend zu stellen, kommt aber zu keiner abschließenden Antwort. Diese Leerstelle können die Schülerinnen und Schüler selbst füllen und gelangen damit zu einer eigenen Charakterisierung der vielleicht rätselhaftesten Figur des Romans.

1 Die Textstelle befindet sich auf Seite 71. An anderer Stelle äußert sich Alex, dass er sich in den kopulierenden Schimären in Antjes Bildern wiedererkannt und ertappt gefühlt habe (S. 62).

2a Alex zieht für den Vergleich mit Iwona zunächst einen Hund in Betracht, um dann festzustellen, dass Iwona nicht domestiziert ist, sondern etwas Wildes an sich hat. Daher könnte man einen nicht domestizierten Verwandten des Hundes in Betracht ziehen, wie z.B. einen Wolf, der ja bisweilen sprichwörtlich „einsam" genannt wird.
Ein Hund oder Wolf passt jedoch nicht zu Iwonas Passivität in sexueller Hinsicht wie auch sonst in Bezug auf ihre Beziehung zu Alex.
Iwonas Cousine vergleicht sie später in einem anderen Kontext mit einem von den Mitmenschen wenig geliebten, fremd und gefühllos wirkenden gepanzerten Käfer (S. 241), der andere ausnutzt, ohne selbst etwas zu geben.
Das stille, anspruchslose Leben in dunklen, vollgestopften, stickigen Zimmern, die Anspruchslosigkeit und Passivität könnten auch zu einer in einer Höhle auf dem Meeresboden lebenden Fisch- (oder Pflanzen)art passen, die sich von dem ernährt, was zufällig vorbeikommt.
Der Vorstellung der Schülerinnen und Schüler sind letztendlich keine Grenzen gesetzt, solange sie sich auf wesentliche Charaktereigenschaften Iwonas (Unangepasstheit, Beharrlichkeit, Anspruchslosigkeit, Passivität, eine gewisse geistige Engstirnigkeit, soziale Isolation) beziehen können.

3 In dem zitierten Brehm-Artikel werden Meerschweinchen als „genügsam, harmlos und gutmütig und leicht zu halten" (S. 78) beschrieben. „Wenn man ihnen etwas zu fressen gebe, seien sie überall zufrieden. Andererseits wären sie nicht wirklich anhänglich, sondern seien zu jedem freundlich, der sie gut behandle." (S. 78)
Ob Sonja wirklich diese Eigenschaften hat, ist zu überprüfen. Sie hat durchaus Ansprüche an sich und die berufliche und familiäre Zukunft, ist aber auch mit weniger zufrieden, mit dem, was eben möglich ist (siehe Hesse-Zitat „Damit das Mögliche entsteht, muss immer wieder das Unmögliche versucht werden", S. 110). Ob sie deswegen als „genügsam" und „leicht zu halten" beschrieben werden kann, darf in Frage gestellt werden. Alex hat Schwierigkeiten mit ihren Ansprüchen an Karriere und die „perfekte" Familie und leidet darunter, ihr nicht genügen zu können (vgl. S. 287).
Auf der anderen Seite wirkt Sonja auf ihre Mitmenschen freundlich und unkompliziert. Sie fügt sich in alle Konventionen und stößt niemanden vor den Kopf. Äußerst liberal verhält sie sich in Bezug auf die Seitensprünge ihres Mannes.
Als besonders anhänglich kann sie nicht beschrieben werden. Alex vermisst immer wieder eine Vertrautheit, die sie weder auf der sexuellen Ebene noch sonst wirklich zulässt (vgl. S. 106, 107, 131, 137 und S. 143: „Vielleicht funktionierte unsere Beziehung ja gerade, weil wir uns nie wirklich nähergekommen waren").
Möglicherweise findet Alex bei Iwona alles, was er bei Sonja vermisst: wirkliche Nähe (Geborgenheit), Leidenschaft und Begierde, echte Auseinandersetzungen, denen nicht immer wieder gleich durch Nachsicht ausgewichen wird, ein Handeln, das nicht ausschließlich durch kühle Rationalität bestimmt ist.
Ein entsprechendes Tier müsste gleichermaßen kuschelig und unberechenbar sein, leidenschaftlich und still.

Innenansichten

Alex

Jürgen Vogel, 2010

Moritz Bleibtreu, 2010

Til Schweiger, 2004

Heino Ferch, 2009

Jan-Josef Liefers, 2011

Sebastian Koch, 2009

1 Stellen Sie sich vor, der Roman *Sieben Jahre* soll verfilmt werden und Sie führen Regie.
Kommen die hier abgebildeten Schauspieler für die Hauptrolle des Alex in Betracht?
Suchen Sie den aus, der am ehesten zu Ihrer Vorstellung passt.
(Sie können auch einen ganz anderen Schauspieler vorschlagen.)
Begründen Sie Ihre Wahl.

2 Schneiden Sie das Foto des von Ihnen bevorzugten Schauspielers aus und kleben Sie es auf ein Din-A4-Blatt. Schreiben Sie eine Rollenbiografie, die der Alex-Darsteller zusammen mit dem Regisseur entwickelt, um sich in seine Rolle einzufühlen. Gehen Sie dabei etwa auf äußere Merkmale, Charaktereigenschaften, Einstellungen, Vorlieben und Abneigungen ein. Belegen Sie Ihre Aussagen nach Möglichkeit am Text.

Innenansichten

Alex

Alex ist der einzige Protagonist, der – bedingt durch die Ich-Erzählperspektive – nicht explizit beschrieben wird. Insofern sind die Lesenden weniger festgelegt und es ergibt sich eine größere Bandbreite an Vorstellungen, über die es sich lohnt zu reflektieren. Die Aufgabe, einen passenden Schauspieler zu finden und eine Rollenbiografie zu schreiben, regt dazu an, zwischen den eher unbewusst vom Text evozierten Vorstellungen und dem, was man aus seiner eigenen Erfahrungs- und Vorstellungswelt ergänzt, zu unterscheiden.

1 Hier kann nur eine kleine Auswahl von renommierten Filmschauspielern angeboten werden, die vom Alter her für die Rolle in Frage kommen. Sie kann durch die Schülerinnen und Schüler ergänzt werden.

Wichtig ist, dass sie erkennen, wie beim Lesen ein inneres Bild von den Figuren entsteht, das durchaus sehr unterschiedlich ausfallen kann. Die häufig festzustellende Diskrepanz zwischen Lesevorstellung und Leinwanddarstellung führt oft dazu, dass das Ansehen von Literaturverfilmungen *nach* der Lektüre enttäuscht. Sieht man dagegen einen Literaturfilm an, ohne die Vorlage zu kennen, bleibt dieser Effekt aus.

2 Im Jahr 2004, zur Zeit der Krise (siehe KV 1), ist Iwona 46 Jahre alt (S. 247), sie ist also 1958 geboren. An anderer Stelle erfährt man, dass Alex zwei Jahre jünger als Iwona ist (S. 160), d. h., er ist 1960 geboren und zum Zeitpunkt der Rahmenhandlung und Trennung von Sonja 47 Jahre alt.

Im Laufe seines Lebens hat er äußerlich betrachtet viel erreicht (Hochschulabschluss, Haus, Familie, eigenes Architekturbüro, das letztlich sogar aus der Insolvenz wieder herauskommt). Aus recht schlichten Verhältnissen stammend, sind ihm die Familien seiner wohlhabenden Freunde aus den vornehmen Münchener Vororten jedoch eher fremd. („Die üppigen Familienfeiern bei Sonjas Eltern, die Konzert- und Theaterbesuche, die Herrenrunden, in denen Zigarren geraucht und über Autos und Golf gesprochen wurde, gehörten in eine andere Welt. Im Grunde sehnte ich mich nach der kleinbürgerlichen Umgebung meiner Kindheit mit ihren klaren Regeln und einfachen Gefühlen. So beschränkt sie gewesen war, schien sie mir doch aufrichtiger und realer", S. 171)

Als Architekt fasziniert ihn die „Melancholie" und „Rückwärtsgewandtheit" Aldo Rossis mehr als die kühle modernistische Architektur eines Le Corbusier (S. 111). Dies könnte daran liegen, dass er eine gewisse Seelenverwandtschaft zu Rossi spürt.

Das kleinbürgerliche Reiheneinfamilienhaus findet er gemütlich, es genügt vollkommen seinen Ansprüchen (S. 147). Sonjas ständiges Streben strengt ihn dagegen an („Kaum hatten wir ein Ziel erreicht, zeichnete sich schon das nächste ab, wir kamen nie zur Ruhe", S. 169; „Mein Abstieg war eine große Beruhigung nach Jahren der Anstrengung", S. 274).

Für Sophie ist Alex ein fürsorglicher Vater, der aber auch streng sein kann (S. 214f., 146). Gemeinsam mit Sonja sorgt er sich um ihre Entwicklung und engagiert sich in der Schule (S. 287).

Gegenüber Iwona kann Alex fürsorglich sein (er unterstützt sie mit Geld, als sie eine notwendige Operation nicht bezahlen kann, S. 164), auf der anderen Seite demütigt und verletzt er sie bis hin zur versuchten Vergewaltigung (vgl. S. 59, 119, 168). Obwohl Alex weiß, dass sein Verhalten gegenüber Iwona falsch ist („Das ist keine schöne Geschichte, sagte Antje. […] Ich weiß, sagte ich […]", S. 60), empfindet er keine Schuld – auch gegenüber Sonja oder Sophie nicht (S. 275f.).

Mit der Insolvenz seines Architekturbüros kommt auch eine psychische Krise, die sich in der Vernachlässigung der Tochter (vgl. S. 268f.), hohem Alkoholkonsum und häuslicher Verwahrlosung (S. 271) äußert.

Dass Sonja sich schon länger mit Trennungsabsichten getragen haben muss, hat Alex nicht bemerkt. Er scheint über ihre Entscheidung vollkommen überrascht zu sein (S. 291).

Innenansichten

Ein Mann zwischen zwei Frauen

Jürg Willi

Funktionsteilung in der ehelichen Dreiecksbeziehung

Ein […] Ausweg aus der unerträglichen dyadischen Spannung[1] ist die triadische[2] Funktionsteilung. Es wird im bewussten oder unbewussten gegenseitigen Einverständnis eine Drittperson eingeführt, die jene Beziehungsaspekte übernehmen soll, die die Ehepartner nicht miteinander leben können. […]
In beschränktem Maße ist die triadische Funktionsteilung notwendig und begrüßenswert, da sonst der Anspruch auf umfassende gegenseitige Bedürfnisbefriedigung die Ehe überlasten kann. Die triadische Funktionsteilung muss also keineswegs ein Abwehrmanöver sein, indem sie der Realität Rechnung trägt, dass sich die Partner gegenseitig nicht alles sein und bedeuten können. […]
Wenn es auch zutrifft, dass man die Ehe nicht überlasten soll, wenn es auch stimmt, dass die Partner sich nicht in allem alles sein können, wenn es auch Tatsache sein kann, dass Sexualbeziehungen mit einem anderen Partner befriedigender sind oder ein anderer einen in gewissen Problemen besser versteht und berät, so wird es für den Ehepartner trotzdem wichtig sein zu spüren, dass die Gestaltung des ehelichen Sexuallebens ein gemeinsames Anliegen bleibt, dass man seine Sorgen mit ihm als gemeinsame Sorgen teilt und dass man die Beziehungen zu Freunden und die Gestaltung der Freizeit zwar nicht ausschließlich, aber doch zur Hauptsache als ein gemeinsames Anliegen pflegt. […]
Im Allgemeinen übersteigt es die Kräfte eines Menschen, zu mehr als einer Person eine lang dauernde und umfassende Liebesbeziehung zu unterhalten. Aus meinen bisherigen Erfahrungen habe ich den Eindruck, dass lang dauernde außereheliche Beziehungen mit Wissen des Ehepartners nicht mit einer glücklichen Ehe zu vereinbaren sind. Kurz dauernde außereheliche Erfahrungen können gelegentlich eine wesentliche Bereicherung sowohl für das Individuum wie für eine Ehebeziehung sein, obwohl sie meist alle oder zumindest einzelne der Beteiligten unter schweren psychischen Stress setzen. […]
Es gibt aber Paare, die sich auf lang dauernde Dreiecksbeziehungen einrichten mit vollem Wissen beiderseits. Es handelt sich um Paare, die nach langjährigen Konflikten zu dem Schluss gekommen sind, dass sie einander gewisse eheliche Erwartungen nicht erfüllen können. Es geht dabei insbesondere um sexuelle Beziehungen, die vom einen Partner abgelehnt werden und deshalb außerehelich befriedigt werden sollen, was beiden als der tragbarste Kompromiss erscheint. Solche Dreiecksbeziehungen werden im Allgemeinen von den Ehepartnern nicht als ideal, jedoch als die bestmögliche Lösung in ihrem Ehekonflikt empfunden. Meist hat der außereheliche Partner aber doch nicht denselben Status, sondern oft eher funktionellen Charakter, und meist muss er deutlich zu spüren bekommen, dass er dem Ehepartner nicht gleichgestellt wird, was für ihn oft kränkend ist.

Willi, S. 200–206

1/2 dyadisch, triadisch: aus zwei bzw. drei Polen bestehend

---

1 Betrachten Sie die Dreiecksbeziehung zwischen Alex, Sonja und Iwona.
Inwiefern trifft die von Jürg Willi beschriebene Funktionsteilung auf sie zu?

2 Die Dreiecksbeziehung dauert mit Unterbrechungen 15 Jahre.
Warum geht es nicht einfach so weiter, sondern kommt zur Trennung von Alex und Sonja?

3 Diskutieren Sie verschiedene Möglichkeiten von dauerhaften sexuellen eheähnlichen Beziehungen.
Welche Konstellation führt Ihrer Ansicht nach zu einer zufriedenstellenden Situation für alle Beteiligten?

Innenansichten

Ein Mann zwischen zwei Frauen

Dass Ehepartner fremdgehen und länger oder kürzer dauernde außereheliche Beziehungen eingehen, ist ein Phänomen, das auch Schülerinnen und Schülern möglicherweise sogar aus der eigenen Familie nicht fremd sein wird. Bei der Betrachtung derartiger Konstellationen stehen heute weniger moralische Urteile im Vordergrund als die Frage nach einer für die Betroffenen dauerhaft befriedigenden Lebensweise.

Der Psychiater und Paartherapeut Jürg Willi analysiert in seinem Buch *Die Zweierbeziehung* derartige Dreiecksbeziehungen und nennt Ursachen für ihr Zustandekommen. Der Textauszug ist geeignet, die psychischen Ursachen für die im Roman beschriebene Dreiecksbeziehung zwischen Alex, Sonja und Iwona zu untersuchen und weiterführende Gedanken zu den eigenen Vorstellungen gelungener dauerhafter Beziehungen anzuregen.

1 Die Ehe zwischen Alex und Sonja scheint von außen betrachtet ideal zu sein (S. 109). Dennoch kann Alex die eigentlich unattraktive und so gar nicht zu ihm passende Iwona über Jahre nicht vergessen. Steht am Anfang das sexuelle Begehren im Vordergrund, kommen später auch Verantwortungsbewusstsein und Schuldgefühle hinzu, die ihn immer wieder zu ihr treiben.

Sonja reagiert zwar verletzt, zieht aber letztendlich keine Konsequenzen, nicht einmal als Iwona von Alex schwanger wird. Man kann ihre Reaktion als unbewusste Billigung der Dreiecksbeziehung auffassen, zumal Alex trotz gegenteiliger Versprechungen immer wieder „rückfällig" wird.

In gewisser Weise kann man sagen, dass Iwona „jene Beziehungsaspekte übernehmen soll, die die Ehepartner nicht miteinander leben können" (Willi, Z. 9–13). Im Falle der Ehe von Alex und Sonja fehlt es an einer leidenschaftlichen Sexualität, Sonja wird immer wieder als „ziemlich verklemmt" beschrieben. „Sie war unfähig, sich hinzugeben, und es war mir manchmal, als beobachte sie sich, während wir uns liebten, und als habe sie keine andere Sorge, als ihre Haltung zu bewahren." (S. 154) Obwohl auch Iwona sich eher passiv verhält, erfährt Alex bei ihr eine sexuelle Erfüllung, wie sie ihm bei Sonja versagt bleibt. „Es war immer noch und ausschließlich das Körperliche, das mich an sie band, diese trägen Stunden im überheizten Zimmer, die wir miteinander verbrachten, aneinander klebend, ineinander kriechend, zusammen und doch jeder für sich." (S. 164) Später vergleicht er sein Verhalten mit dem eines Süchtigen (S. 165).

Auf Iwona trifft die Beschreibung Willis uneingeschränkt zu: „Meist hat der außereheliche Partner aber doch nicht denselben Status, sondern oft eher funktionellen Charakter, und meist muss er deutlich zu spüren bekommen, dass er dem Ehepartner nicht gleichgestellt wird, was für ihn oft kränkend ist." (Willi, Z. 56–60)

2 Sonja und Alex bemühen sich durchaus, dass „die Gestaltung des ehelichen Sexuallebens ein gemeinsames Anliegen bleibt, dass man seine Sorgen mit ihm [dem Partner] als gemeinsame Sorgen teilt und dass man die Beziehungen zu Freunden und die Gestaltung der Freizeit zwar nicht ausschließlich, aber doch zur Hauptsache als ein gemeinsames Anliegen pflegt" (Willi, Z. 27–33): Alex nimmt Rücksicht auf Sonjas sexuelle Zurückhaltung, gemeinsame Freundschaften zu ehemaligen Kommilitonen werden gepflegt, Sorgen – vor allem das Berufliche betreffend – werden geteilt. Auch ist im Zusammenhang mit Iwona von Alex' Seite aus nie von Liebe die Rede. Alex unterhält also nur zu *einer* Frau eine „lang dauernde Liebesbeziehung". Dennoch bestätigt sich Jürg Willis Erfahrung, dass „lang dauernde außereheliche Beziehungen mit Wissen des Ehepartners nicht mit einer glücklichen Ehe zu vereinbaren sind" (Willi, Z. 37–40). Sonja kann mit dem Kompromiss am Ende nicht länger leben, er genügt ihr nicht, sie erwartet mehr von ihrem Leben. Alex sagt über die Dreiecksbeziehung: „Ich hatte mich arrangiert mit der Situation, ich war nicht unzufrieden. Aber Zufriedenheit genügte Sonja nicht." (S. 292)

3 Angesichts der großen Bandbreite von heutzutage gesellschaftlich akzeptierten Formen des Zusammenlebens und vor dem Hintergrund der beschriebenen langjährigen und mit erstaunlich wenig Eifersucht belasteten Dreiecksbeziehung des Romans sollen die Schülerinnen und Schüler ihre eigenen Ideale von einer glücklichen Partnerschaft reflektieren.

Die Erfahrungen des Therapeuten Jürg Willi können dazu als These herausgegriffen und in Frage gestellt werden: „Im Allgemeinen übersteigt es die Kräfte eines Menschen, zu mehr als einer Person eine lang dauernde und umfassende Liebesbeziehung zu unterhalten. Aus meinen bisherigen Erfahrungen habe ich den Eindruck, dass lang dauernde außereheliche Beziehungen mit Wissen des Ehepartners nicht mit einer glücklichen Ehe zu vereinbaren sind." (Willi, Z. 34–40)

Innenansichten

Paare

A Er hat mir gedroht, er werde mich fertigmachen.

B Mit mir hat er nur noch gevögelt […].

C Überhaupt mäkelte sie dauernd an ihm herum. Ihm schien es nichts auszumachen, im Gegenteil, er wirkte erstaunlich zufrieden, als sei es das, was er sich immer gewünscht habe.

D Er schien ganz begeistert vom Leben als Paar. Die Jagd ist vorbei.

E Ein schönes Paar in einer schönen Wohnung.

F Vielleicht funktionierte unsere Beziehung ja gerade, weil wir uns nie wirklich nähergekommen waren.

G Wir hatten uns die Affären gestanden und waren, wenn auch nicht ohne Narben, darüber hinweggekommen, hatten seither vielleicht sogar eine bessere oder wenigstens eine stabilere Beziehung.

H Er hatte mit der Journalistin geschlafen, als sei es nichts, die beiden hatten ein paar schöne Stunden miteinander verbracht, das war alles. No bad feelings […].

I […] ich glaube, er hat begriffen, dass er ihr nicht helfen kann. Er hat sich eine Wohnung gesucht und die Stelle gefunden […], aber er ist bis heute nicht von ihr losgekommen. Sie taucht immer mal wieder bei ihm auf und will Geld von ihm.

J Im Grunde war alles perfekt […].

K Das Familienleben schien sie zu langweilen.

L Ich musste an unsere Hochzeit denken und an die Versprechen, die wir uns gemacht hatten. Versprechen, an die ich damals schon nicht geglaubt hatte.

M Es mag sein, dass unsere Beziehung sachlicher wurde, aber sie bekam durch die gemeinsame Verantwortung eine neue Qualität.

1 Im Roman werden mehrere Paarbeziehungen vorgestellt:
Alex – Sonja
Ferdi – Alice
Rüdiger – Elsbeth
Georg – Antje
Ordnen Sie die Zitate den Paaren zu.

2 Charakterisieren Sie die vier Paar-Beziehungen:
a Überlegen Sie,
wer den Ton angibt,
ob ein Abhängigkeitsverhältnis besteht,
wie mit der Versuchung des Fremdgehens umgegangen wird.
b Gibt es ein Paar, das über einen längeren Zeitraum glücklich und zufrieden ist?

3 Sonja vergleicht ihre Beziehung zu Alex mit einem Haus (S. 227 f.).
Führen Sie diesen Vergleich aus: Wofür stehen die einzelnen Räume, was symbolisiert der Keller?

4 Stellen Sie sich vor, Alex sucht nach der Trennung von Sonja nach einer neuen Partnerin im Internet.
Eine Interessentin fragt ihn per Mail nach seiner Vorstellung von einer idealen Partnerin bzw. einer idealen Beziehung.
Schreiben Sie seine Antwort auf.

Innenansichten

Paare

Die im Roman vorgestellten Paare zeigen exemplarisch verschiedene Varianten des Zusammenlebens, der emotionalen Gebundenheit und des Scheiterns. Diese Kopiervorlage soll vergleichend die Paarbeziehungen untersuchen und für den Protagonisten des Romans klären, wie wohl die ideale Partnerin/Beziehung für ihn aussieht. Darüber hinaus können die Schülerinnen und Schüler in der Diskussion über die Frage, ob eines der vorgestellten Paare über einen längeren Zeitraum glücklich ist, ihre eigenen Vorstellungen von einer gelungenen Paarbeziehung reflektieren.

1 Lösung

A Georg – Antje, S. 75
B Georg – Antje, S. 74
C Ferdi – Alice, S. 126
D Ferdi – Alice, S. 128
E Alex – Sonja, S. 131
F Alex – Sonja, S. 143
G Alex – Sonja, S. 172
H Ferdi – Alice, S. 185
I Rüdiger – Elsbeth, S. 187
J Alex – Sonja, S. 201
K Alex – Sonja, S. 209
L Alex – Sonja, S. 203
M Alex – Sonja, S. 213

2 a/b Die Beziehung zwischen **Ferdi und Alice** basiert auf der klassischen Rollenverteilung. Alice gibt ihre Musikerinnen-Karriere auf (S. 182) und kümmert sich um die Erziehung der Kinder, während Ferdi für den Unterhalt der Familie sorgt. Alice wirkt unzufrieden, würde dies aber wohl kaum zugeben (S. 183). Ferdi scheint zufrieden zu sein, auch wenn er im Beruf nicht mehr viel von seinen eigenen Vorstellungen als Architekt umsetzen kann. Ohne schlechtes Gewissen geht er fremd (S. 185), hat jedoch nicht vor, seine Familie zu verlassen.

Rüdiger ist emotional ganz und gar abhängig von der gescheiterten Künstlerin **Elsbeth**, selbst noch als diese drogenabhängig wird und ihn nur noch braucht, um ihre Sucht zu finanzieren. Alle seine Versuche, ihr zu helfen, scheitern. Nur mit Mühe kann er sich wieder ein geregeltes Leben aufbauen.

Antje berichtet von ihrer Beziehung zu ihrem verheirateten Professor **Georg**, der sich zurückzieht, als er merkt, dass sie von ihm mehr als eine Affäre will. Die entwürdigende Trennung bringt sie an den Rand des Wahnsinns und zu der Erkenntnis, dass eine derartig bedingungslose Liebe minderwertig sei (S. 76).

Verglichen mit diesen Paarbeziehungen scheinen **Sonja und Alex** eine bessere Lösung gefunden zu haben. Beide arbeiten erfolgreich in ihrem Beruf und ergänzen sich hinsichtlich ihrer besonderen Fähigkeiten. Auch sind beide bereit, auf etwas zu verzichten: Sonja verzichtet auf eine Karriere im Ausland, Alex verzichtet auf eine erfüllte Sexualität. Über viele Jahre halten sie dies durch. Sonja versucht mit viel Einsatz eine perfekte (Ersatz-)Mutter zu sein, Alex nimmt sich immer wieder vor, Iwona zu vergessen. Am Ende scheitern sie.

3 Über den **Speicher** sagt Sonja selbst, er stehe für die gemeinsamen Erinnerungen (S. 228).

Das **Schlafzimmer** mag für körperliche Nähe und Vertrautheit sowie die gegenseitige Befriedigung sexueller Bedürfnisse stehen.

In einem **Esszimmer** sitzt man mit der Familie und Freunden um einen Tisch – es könnte für die soziale Einbindung des Paares in familiäre Beziehungen stehen sowie in einen gemeinsamen Freundeskreis.

Der **Keller** repräsentiert naheliegenderweise die von Peter Stamm genannten Geheimnisse (vgl. Lösung zu Aufg. 4), unausgesprochene, verdrängte Wünsche, die die Beziehung „zum Einsturz" bringen könnten, kämen sie ans Licht.

4 Auf www.zeit.de wird Peter Stamm zur Frage, was eine funktionierende Beziehung ausmacht, wie folgt zitiert: „Man muss sich in Ruhe lassen können und wissen, dass jeder sein eigenes Leben hat, dazu gehören auch Geheimnisse." (Vgl. Quellenverzeichnis, S. 48.)

Licht und Schatten

Sophie – unvergleichlich?

Iwona	Sophie
Einzelkind mit vergleichsweise alten Eltern (S. 240)	Einzelkind mit vergleichsweise alten Eltern
	S. 10:
	S. 146:
	S. 205:
	S. 206:
	S. 206:
	S. 206:
	S. 206:
	S. 206:
	S. 206:
	S. 213 f.:
	S. 214:
	S. 227:
	S. 248:

1 Sophie, das Kind von Alex und Iwona, wird vom Erzähler ausführlich charakterisiert.
Tragen Sie die Eigenschaften Sophies stichpunktartig in die Tabelle ein.

2 Der Erzähler geht auch auf Iwonas Kindheit ein.
Halten Sie die Angaben, die er dazu macht, ebenso in der Tabelle fest und nennen Sie die Textstellen.

3 Alex sagt über seine Tochter: „Manchmal betrachtete ich Sophie lange und suchte nach Ähnlichkeiten mit Iwona oder mit mir, aber ich konnte nichts entdecken." (S. 205) Und Sonja meint „[S]ie gleicht niemandem, sie ist unvergleichlich." (S. 205)
a Fassen Sie die Tabelleneinträge zu Iwona und Sophie zusammen.
Welche Ähnlichkeiten zwischen Iwona und ihrer leiblichen Tochter stellen Sie fest?
Können Sie auch Unterschiede ausmachen?
b Vergleichen Sie Ihre Ergebnisse mit den Aussagen von Alex und Sonja.

Licht und Schatten

Sophie – unvergleichlich?

Peter Stamm charakterisiert nicht nur die erwachsenen Romanfiguren, sondern relativ ausführlich das Kind von Alex und Iwona. Alex stellt sich nicht nur die Frage, was Sophie von ihm an Eigenschaften geerbt hat, sondern vor allem, inwiefern sie ihrer Mutter Iwona ähnlich ist. Was Alex als Vater nicht auffällt, bleibt uns Lesenden nicht verborgen; nicht zuletzt, weil die Formulierungen für die Beschreibung und Charakterisierung von Mutter und Tochter zum Teil sogar identisch sind (z. B. „abstruse Geschichten"). Sollten die Schülerinnen und Schüler Schwierigkeiten haben, die Iwona betreffenden Textstellen zu finden, können diese von der Lehrkraft angegeben werden.

1/2 Lösung

Iwona	Sophie
Einzelkind mit vergleichsweise alten Eltern (S.240)	Einzelkind mit vergleichsweise alten Eltern
	S.10: kommandiert andere Leute herum
hat als Kind ihre Katze eingesperrt und verhungern lassen (S.245)	S.146: bestraft ihre Katze mit Essensentzug
bleibt ihren Eltern fremd (S.242)	S.205: Eltern haben ein Gefühl von Fremdheit
	S.206: still, friedlich, macht kaum Probleme
hat einen schweren Körper (S.280)	S.206: isst mit großem Appetit
	S.206: kann sich lange mit sich selbst beschäftigen
hat einen Vorrat an abstrusen Geschichten (S.119)	S.206: erzählt ihren Puppen abstruse Geschichten
wirkt wie ein fremdes, gefühlloses Wesen (S.242)	S.206: kann Liebe schlecht erwidern
mit 46 Jahren noch immer nicht erwachsen (S.247)	S.206: entwickelt sich langsamer als andere Kinder
Iwona war schon immer ein Dickschädel (S.237)	S.213 f.: hat einen starken Willen, den sie eher still durchsetzt
Einwände erreichen sie nicht (S.119)	S.214: Ermahnungen kommen nicht an
	S.227: möchte nicht in Marseille leben
	S.248: lehrerhafte, selbstbewusste Art

3 a Es gibt zahlreiche Ähnlichkeiten zwischen Sophie und Iwona. Dies beginnt mit der „äußeren" Situation als verhätscheltem Einzelkind von Eltern, die dies relativ spät geworden sind. Im Falle von Sophie geht das Verwöhnen vor allem von Sonjas Eltern aus, aber auch Alex und Sonja geben Sophies Wünschen immer wieder nach (S. 96).
Augenfällig ist auch der lieblose Umgang mit der Katze, den es bei Iwona gab und der sich bei Sophie wiederholt.
Vom Charakter her kann man zwischen Mutter und Tochter viele Gemeinsamkeiten feststellen. Vor allem die Schweigsamkeit und Sturheit bei beiden fällt auf, ebenso das Gefühl von Fremdheit, das beide sogar ihren Eltern vermitteln.
Allerdings geht Sophie anders als Iwona gern zur Schule und scheint keine Konflikte mit ihren Mitschülerinnen und Mitschülern zu haben, vielleicht ein Ergebnis der besonderen Bildung an einer Waldorfschule. Auch hat sie offensichtlich eine stabile Gesundheit, was möglicherweise auf Sonjas besondere Aufmerksamkeit hinsichtlich der Ernährung zurückzuführen ist.

b Bezeichnenderweise sehen die Eltern diese Ähnlichkeiten nicht. Möglicherweise fehlt ihnen die Distanz dazu. Vielleicht sind es aber auch die unbewussten Wünsche, die die Eltern auf diesem Auge blind machen.
Alex sieht durchaus, wie unattraktiv Iwona ist und wie schwer sie es sich und ihren Mitmenschen im Leben macht. Er kann kaum wünschen, dass sein Kind eine ähnliche Entwicklung in die Isolation nimmt.
Sonja muss die Ähnlichkeiten zu der Geliebten ihres Mannes ausblenden, um die Illusion aufrechterhalten zu können, Sophie sei ihr Kind.

Licht und Schatten

Adoption aus sozialen Gründen *oder* „Wo hat es ein Kind besser?"

Christine Swientek

Was Adoptivkinder wissen sollten und wie man es ihnen sagen kann

Mit etwa 8 oder 10 bis 12 Jahren beginnt das adoptierte Kind die damalige Freigabeentscheidung der Mutter zu hinterfragen. […] Mit zunehmender Weltsicht, mit zunehmender Gabe, die Umwelt umfassender wahrzunehmen und Zusammenhänge zu erkennen, fragt das Kind weiter – und diese Fragen gehen über das Individuelle weit hinaus. […]

Das […] Argument ist aus der Sicht von langjährig wartenden Adoptionsbewerbern ebenso verständlich wie scheinbar einleuchtend: Wenn die leiblichen Eltern es nicht schaffen, ist das kein Problem: „Es gibt doch uns … Wir stehen zur Verfügung … Wir schaffen es … Wir können ihnen und ihren Kindern helfen … Wir können ihnen (bzw. dem Staat) diese Aufgabe abnehmen …"

Diesen Menschen bleibt unverständlich, warum weniger privilegierte, unvermögende, unsichere Eltern zur Kindererziehung auf den verschiedenen Ebenen erst befähigt werden sollen – wenn doch angeblich fähige Adoptionsbewerber bereits zur Verfügung stehen und die Aufgabe der Kindererziehung nur allzu gerne übernehmen würden.

Dies ist gleichzeitig die Kernfrage einer Adoptionsvermittlung, die mit den sozialen Bedingungen abgebender Eltern konfrontiert wird. Sie mündet in die ebenso schlichte wie in der Vermittlungspraxis alltägliche und gleichzeitig nicht zu beantwortende Frage ein: „Wo hat es ein Kind besser?"

Diese Argumentationen sind geprägt von einem alles durchdringenden materiellen Denken: Alles ist erreichbar, machbar, käuflich. Ein eigenes Haus mit Grundstück in bevorzugter Lage in Waldorfschulnähe, wo „man" unter sich ist, finanzielle Verhältnisse, die dem Kind Tennisunterricht ebenso wie Geigenstunden und notfalls eine gute Kinderpsychotherapie garantieren – das müssen nach den gängigen Denkschemata bessere Voraussetzungen für die Erziehung sein als eine zu kleine Mietwohnung, Abhängigkeit von der Sozialhilfe oder eine abgehetzte, berufstätige Mutter […].

Die Einstellung, eine „gute" Erziehung lasse sich an diesen Gütern messen, ist ebenso fragwürdig wie die Überzeugung, dass die Sozialprobleme ganzer Bevölkerungsteile sich durch eine partielle[1] Umschichtung von unten nach oben lösen lassen. […]

Die Frage muss jedoch ganz anders gestellt werden: Wer hat das Recht, darüber zu entscheiden, wo es ein Kind „besser" hat, wer Kinder haben darf, wem sie fortgenommen werden sollen und wer mehr oder weniger dazu überredet werden soll, sein Kind „freiwillig" abzugeben, weil die sozialen Bedingungen nicht ausreichend sind.

Swientek, S. 72–75

---

[1] partiell: teilweise

---

1 a Suchen Sie die Argumente aus dem Roman heraus, mit denen Alex und Sonja die Adoption von Sophie begründen (vgl. etwa S. 176, 189, 213).

b Untersuchen Sie, ob sich die Einstellung zur Adoption im Verlauf der Handlung ändert (vgl. etwa S. 179 f., 197 f., 202 ff.).

2 Fassen Sie die Position Christine Swienteks zu Adoptionen aus sozialen Gründen zusammen.

3 Vergleichen Sie die von Christine Swientek beschriebene Haltung und soziale Stellung mancher Adoptiveltern mit der Art und Weise, wie Alex und Sonja ihre Aufgabe als Adoptiveltern wahrnehmen.

4 Erörtern Sie, ob die Adoption von Sophie moralisch gerechtfertigt ist.

Licht und Schatten

Adoption aus sozialen Gründen *oder* „Wo hat es ein Kind besser?"

Gegen Ende des Romans (S. 293) wird Sonja bezüglich der Adoption zitiert: „Sie sagte, sie habe von Anfang an das Gefühl gehabt, es sei nicht recht, was wir machten." – Die Frage, ob es moralisch zu rechtfertigen ist, eine etwa in Illegalität oder Armut lebende alleinstehende Mutter zu überreden, ihr Kind zur Adoption freizugeben, ist eine zentrale Frage der zweiten Hälfte des Romans. Anhand des Textausschnitts von der Erziehungswissenschaftlerin Christine Swientek sollen die Schülerinnen und Schüler diese Frage erörtern. Dabei geht es vor allem darum, die auch von Swientek kritisierte rein materielle Sichtweise zu relativieren und gesellschafts- bzw. sozialpolitische Aspekte mit einzubeziehen, die für Adoptionen aus sozialen Gründen verantwortlich sind.

1 a Alex sieht von Anfang an ein, dass für Iwona als gläubige Katholikin keine Abtreibung in Frage kommt. Er steht zu dem Kind, will sich allerdings keinesfalls von seiner Frau Sonja trennen. Schon im ersten Gespräch mit Iwona über die Schwangerschaft führt er an, dass es für das Kind besser wäre, „in einem intakten Umfeld aufzuwachsen und nicht bei ihr, immerhin sei sie illegal im Land" (S. 176). Ferner meldet er seinen Anspruch als Vater an „schließlich sei es ja auch mein Kind" (S. 176). Im zweiten Gespräch mit Iwona argumentiert Alex mit Iwonas Arbeitssituation: „Es geht darum, ob du es unserem Kind gönnst, sorglos und in einem behüteten Umfeld aufzuwachsen. So viel wie du arbeitest, hättest du ja kaum Zeit, dich darum zu kümmern." (S. 189) Gleichzeitig gibt er zu: „Ich hatte ein schlechtes Gewissen, Iwona das Kind wegzunehmen, aber ich war fest davon überzeugt, dass es das Beste für alle wäre." (S. 189)
Diese Argumentation wird auch von Hartmeier übernommen, was Alex als Verrat an Iwona empfindet (S. 193). Gegenüber Sonjas Vater, einem entschiedenen Adoptionsgegner, verteidigt er dagegen wiederum eine Adoption aus Armut (S. 213).

b Auffällig ist die Entwicklung, die vor allem Sonja bezüglich ihrer Einstellung zur Adoption durchmacht. Konfrontiert mit der Tatsache, dass Iwona ein Kind von Alex erwartet, hat sie sofort denselben Gedanken wie er, nämlich das Kind zu adoptieren (S. 179 f.). Daneben hält sie lange an der Überzeugung fest, dass das Kind niemals von der Adoption, geschweige denn seiner leiblichen Mutter erfahren soll (vgl. S. 202). Trotz anfänglicher Fremdheit und Eingewöhnungsschwierigkeiten (S. 204 f.) tut sie alles, um dem Kind eine fürsorgliche Mutter zu sein, ja versucht sogar, es zu stillen (S. 197 f.). Erst gegen Ende des Romans, im Zuge der Entscheidung, sich von Alex zu trennen, kommt sie zu der Einsicht, dass die Adoption ein Fehler war und Sophie aufgeklärt werden müsse.
Alex dagegen erklärt gegenüber Antje, dass er grundsätzlich nichts gegen eine Aufklärung von Sophie gehabt hätte, es aber wegen Iwonas gleichgültiger Haltung gegenüber ihrem Kind unterlassen habe (S. 203).

2 Christine Swientek kritisiert die vorherrschende Haltung, dass das Kindeswohl am ehesten in einer gut situierten, bildungsorientierten und nach bürgerlichen Vorstellungen intakten Familie gewährleistet sei. Aber da man Liebe zu einem Kind schwer messen könne, würden Argumente für oder gegen eine Adoption allzu oft an diesen problematischen „materiellen" Kriterien festgemacht.
Außer Acht gelassen würden dabei die sozialpolitische Dimension und die Verantwortung der Gesellschaft, die es nicht schaffe, die Bedingungen für alleinstehende und sozial benachteiligte Mütter so zu gestalten, dass Adoptionen aus sozialen Gründen gar nicht nötig wären.

3 Das von Swientek kritisierte materielle Denken passt auch auf Sonja und Alex: Sie haben ein Haus mit Garten und Kinderzimmer, Sophie wird auf eine Waldorfschule gegeben, und als die Entwicklung nicht so verläuft, wie es sich insbesondere Sonja vorstellt, möchte sie, dass das Kind ärztlich getestet wird (S. 207). Die Argumente, mit denen Iowona schließlich überredet wird, das Kind zur Adoption freizugeben, entsprechen ziemlich genau den von Swientek problematisierten Kriterien.

4 Das ungute Gefühl bzw. das schlechte Gewissen, das Sonja und Alex letztendlich gegenüber Iwona und Sophie haben, sowie die negative Einschätzung Antjes („[…] sie habe gedacht, es könne schlimmer nicht kommen", S. 200) zeigen, dass eine primär vernunftmäßige, an materiellen Kriterien orientierte Argumentation für eine Adoption moralisch bedenklich ist.
Die Schülerinnen und Schüler können erörtern, welche nicht ernsthaft geprüften Alternativen zur Adoption von Sophie in Frage gekommen wären, z. B.: Iwona zieht das Kind mit Hilfe finanzieller Unterstützung durch Alex allein auf; sie geht auf Hilfsangebote von Hartmeier/der Kirchengemeinde ein; sie kehrt nach Polen und in eine legale Existenz zurück; sie bemüht sich um eine Legalisierung ihres Aufenthaltes.
Darüber hinaus können gesellschaftspolitische Fragen thematisiert werden: Welche Verantwortung hat der Staat für Mütter in einer sozial schwierigen Lage? Darf es sein, dass die Kinder illegal Eingewanderter benachteiligt werden, obwohl sie für den Status ihrer Eltern nicht verantwortlich sind?
Bei Interesse können Recherchen zu Angeboten von Pro Familia, kirchlichen Einrichtungen, Flüchtlingsorganisationen etc. unternommen werden.

Licht und Schatten

Die „Macht der Liebe" und der freie Wille

Ulrich Schnabel

Hirnforschung: Der unbewusste Wille

[...] Die große Pose des Welterklärers liegt dem deutsch-britischen Professor John-Dylan Haynes [...] nicht. Dabei könnte er sie durchaus pflegen. Schließlich hat der 37-Jährige [...] im Fachblatt „Nature Neuroscience" eine Studie veröffentlicht, die vermutlich die Debatte um den freien Willen mächtig anheizen wird: Anhand der Aktivität zweier Hirnregionen kann er voraussagen, ob Versuchspersonen einen Knopf mit der linken oder rechten Hand drücken werden. Und diese Aktivität beginnt zehn Sekunden bevor die Probanden sich bewusst entscheiden! Gibt es also tatsächlich keinen freien Willen? Entscheidet das Gehirn quasi an unserem Bewusstsein vorbei?

So einfach macht es sich Haynes nicht. Der Slogan „Freiheit oder Gehirn" ist ihm viel zu plump. Denn erstens sei das Gehirn ja Teil unserer Person und zweitens müssten die Hirnprozesse konsistent sein mit all unseren Überzeugungen und Werten. „Wenn es manchmal heißt: ‚Mein Gehirn hat so und so entschieden, ich kann nichts dafür', dann ist das Quatsch", ärgert sich John-Dylan Haynes. [...]

„Ich interpretiere unsere Studie so: Eine Kaskade von unbewussten Prozessen fängt an, eine Entscheidung vorzubereiten, lange bevor diese ins Bewusstsein dringt", sagt Haynes. Doch wer oder was entscheidet denn da nun? Der Mensch denkt, das Gehirn lenkt? Schon ist sie wieder da, die Dichotomie, die dem Hirnforscher so widerstrebt. „Mein Gehirn, das bin ja ich", sagt er und holt noch einmal aus. Unsere Gedankentätigkeit sei mit einem Eisberg vergleichbar. „Was uns bewusst wird, ist nur dessen Spitze. Neunzig Prozent liegen unter Wasser – das sind die unbewussten Prozesse in unserem Gehirn. Aber die Spitze gehört ja zum Eisberg dazu, [...]."

Es sei ein Missverständnis, zu meinen, nur weil etwas unbewusst ablaufe, sei es zufällig und nicht begründbar. „Alle unsere Handlungen sind die Überlagerung von Tausenden von kleinen Ursachen – Erfahrungen in Kindheit und Beruf, unsere Kultur, die Menschen, mit denen wir uns umgeben, die Medien, die wir zu Rate ziehen, und so weiter", argumentiert Haynes. So gesehen sei keine Entscheidung zufällig. „Auch unbewusste Prozesse folgen einer Logik. Doch diese können wir in uns selbst nicht beobachten. Und die bewussten Gründe, die wir dafür angeben, stimmen oft nicht."

Nur manchmal – wenn uns etwa die Lust auf eine Zigarette überfällt, obwohl wir gerade das Rauchen aufgeben – wird uns die Komplexität unseres Innenlebens bewusst. Dann zeigt sich, wie wenig tauglich der Begriff der absoluten Willensfreiheit ist. Ein von all unseren Empfindungen, Erinnerungen, Fantasien und Gedanken losgelöster Wille wäre abstrus. Da argumentiert Haynes ähnlich wie der Philosoph Peter Bieri [...], der in seinem Buch *Das Handwerk der Freiheit* klarstellte: Der so genannte freie Wille sei letztlich immer der „verstandene Wille", jener, der zu unserem Selbstbild und in das Profil unserer Wünsche passe. Und dass diese (Selbst-)Beschränkung sich auch in den Grenzen unseres Gehirns abspielt, ist eigentlich eine Selbstverständlichkeit.

Bieri meinte [...], dass wir unseren unbewussten Prozessen nicht hilflos ausgeliefert seien. Im Gegenteil, wir könnten sie in den Prozess der Willensbildung einbeziehen – und uns bei Bedarf auch umentscheiden. Können wir das wirklich?

www.zeit.de/2008/17/Freier-Wille (Stand: 1.6.2011)

---

1 Proband: Versuchsperson; 2 konsistent: in Übereinstimmung sein; 3 Dichotomie: Zweiteilung, Trennung; 4 abstrus: unhaltbar

Man kann sich fragen, ob Alex in seiner Beziehung zu Iwona von unbewussten Mechanismen gesteuert wird.
Diese Frage diskutieren auch Philosophie, Psychologie und Hirnforschung.

1 Suchen Sie Textstellen, in denen Alex über die „Macht" spricht, die ihn zu Iwona zieht.
Diskutieren Sie, inwiefern seine Rechtfertigung für die Besuche bei Iwona überzeugend ist.

2 Fassen Sie mit eigenen Worten zusammen, was der Hirnforscher John-Dylan Haynes und der Philosoph Peter Bieri über die Existenz des freien Willens beim Menschen sagen.

3 Können die Forschungsergebnisse von Haynes und anderen Alex' Verhalten erklären?
Oder unterstützen sie eher die Ansicht von Antje?

Licht und Schatten

Die „Macht der Liebe" und der freie Wille

Gibt es einen freien Willen oder handelt der Mensch nur von chemischen Prozessen gesteuert, die unbewusst im Gehirn ablaufen? Die alte Frage hat vor allem durch die neuen bildgebenden Verfahren in den Neurowissenschaften an Brisanz gewonnen und wird auch in Peter Stamms Roman *Sieben Jahre* thematisiert. Am deutlichsten geschieht dies in der zu Beginn zitierten Passage, in der Alex sich vor Antje zu rechtfertigen versucht und Antje ihm das stellvertretend für Sonja nicht abnimmt.
Kann man Alex' Verhalten mit jemandem vergleichen, der das Rauchen aufgeben wollte und dann doch wieder zur Zigarette greift? Ist der Sex mit Iwona eine Sucht, die schadet und die letztendlich nur mit einer Therapie zu heilen ist? Oder sind das nur faule Ausreden eines fremdgehenden Ehemannes, der vor sich und seiner Umgebung nicht zugeben mag, dass seine Wünsche in Bezug auf eine Partnerin so gar nicht dem entsprechen, was nach allgemeiner Auffassung als ideal angesehen wird?
Der Text über die Forschungsergebnisse des Hirnforschers John-Dylan Haynes soll die Schülerinnen und Schüler anregen, diese Fragen zu diskutieren.

1 Es gibt zahlreiche Textstellen, in denen Alex direkt oder indirekt äußert, dass er sich im Falle seiner Besuche bei Iwona von einer unbekannten/unbewussten Macht gesteuert fühlt.
– „Ich war ein wenig nüchterner als vorher, und langsam wurde mir bewusst, was für eine Dummheit ich beging, aber ich war zu erregt, und es erschien mir unmöglich, jetzt noch umzukehren. (S. 25)
– „Ich weiß nur, dass ich immer abhängiger wurde von Iwona, dass, während ich noch glaubte, Macht über sie zu haben, ihre Macht über mich immer größer wurde." (S. 120)
– „Vielleicht wusste sie nicht, dass sie Macht über mich hatte. Vielleicht hielt sie meine Hörigkeit für Liebe." (S. 121)
– „Ich sagte, ich hätte eine Affäre gehabt, ich könne es mir selbst nicht erklären. Ich habe Schluss gemacht, sagte ich, es ist vorbei. Vielleicht glaubte ich es in diesem Moment wirklich. Ich wollte es glauben." (S. 141)
– „Ich wusste, ich machte einen Fehler, der nicht wiedergutzumachen war. Aber ich war wie betäubt vor Lust." (S. 161 f.)
– „[…] und fragte mich, was ich hier machte, weshalb ich nicht von ihr lassen konnte. Aber sie erwachte und sah mir in die Augen, und wie ein Süchtiger musste ich sie wieder anfassen […]." (S. 165)
– „Es war nicht Lust, die mich an sie band, es war ein Gefühl, das ich seit meiner Kindheit nicht mehr empfunden hatte, eine Mischung aus Geborgenheit und Freiheit." (S. 169)
– „Im Grunde war alles perfekt […]. Dann sah ich Iwona wieder, und es war, als habe sie Macht über mich." (S. 201)
– „Wenn ich mir vorstellte, mit ihr zusammen zu sein, dann war es nicht die Sehnsucht, die man nach einem Freund oder einer Geliebten verspürt, es war ein fast schmerzhaftes Verlangen, etwas Unkontrollierbares und Brutales." (S. 260)

2 John-Dylan Haynes hat durch Experimente festgestellt, dass man an bestimmten Gehirnaktivitäten die Entscheidungen einer Person antizipieren könne. Entscheidungen kämen u. a. zu Stande auf Grund von „Erfahrungen in Kindheit und Beruf, unsere[r] Kultur, d[er] Menschen, mit denen wir uns umgeben, d[er] Medien", denen wir uns aussetzen, usw.
Nur ein Teil („die Spitze des Eisbergs") dieser Prozesse sei uns bewusst. Vieles laufe unbewusst ab und dadurch bekomme man den Eindruck, unfrei gesteuert zu werden.
Peter Bieri sagt allerdings, dass man die unbewussten Prozesse in die Willensbildung einbeziehen könne.

3 Betrachtet man Alex' Selbsteinschätzungen (Aufgabe 2), so ergibt sich das Bild eines „Süchtigen", der ein „fast schmerzhaftes Verlangen" verspürt, das er stillen muss, obwohl er weiß, dass dies negative Folgen haben wird. Insofern passt der Vergleich mit der Zigarette. Die Erregung und Lust baut Alex unbewusst immer wieder auf, bis es schließlich zu spät ist umzukehren. Dass auch Erfahrungen aus der Kindheit eine Rolle spielen, zeigt das Zitat von S. 169.
Diesem Fatalismus begegnet Peter Bieri: Danach hätte sich Alex durchaus mit den Ursachen seines Verhaltens auseinandersetzen, auch den Rat Dritter einholen können, statt Iwona eine unwiderstehliche Macht über sich zuzuschreiben und sich dieser immer wieder zu ergeben.

Licht und Schatten

Leben in der Illegalität

Antonia Götsch

Illegale Einwanderer: Ohne Papiere – aber immer mit Fahrschein

Bundesgrenzschutzbeamte stellen illegalen Grenzgänger an der Grenze zu Polen (gestelltes Foto, 2000)

Bis zu eine Million illegale Einwanderer leben in Deutschland, die wenigsten sind Drogenhändler, Schleuser und Prostituierte. Während andere EU-Staaten das Problem regelmäßig mit Amnestie aus der Welt schaffen, führen Illegale in Deutschland auf Dauer ein Schattendasein ohne Grundrechte.

Nie über eine rote Ampel gehen, immer eine gültige Monatskarte für die Straßenbahn dabei haben, keinen lauten Streit auf offener Straße – das sind nur die wichtigsten Verhaltensregeln für Menschen ohne Aufenthaltspapiere. Zwischen 500 000 und einer Million illegale Einwanderer leben in Deutschland. Schattenmenschen mit ganz unterschiedlichem Hintergrund: Arbeitssuchende, Flüchtlinge, ältere Menschen oder Kinder, die ihren Familien folgen, Studierende und Au-pairs, die einfach länger bleiben als erlaubt. Die wenigsten reisen schon illegal nach Deutschland ein, viele tauchen irgendwann ab, wenn sie ihren Aufenthaltstitel verlieren. Nach deutschem Recht sind sie dann kriminell, sie erfüllen einen Straftatbestand.

Erste Regel für Illegale: nicht auffallen

[...] Jeder Polizist kann nach den Papieren fragen, jeder Vermieter nach der Anmeldung beim Einwohnermeldeamt: Die Bundesrepublik besitzt ein einzigartig engmaschiges System der Registrierung und Überwachung. Alle öffentlichen Stellen sind verpflichtet, Ausländer ohne Aufenthaltspapiere sofort zu melden. [...]

Bürgerrechtler fordern Grundrechte für Illegale

Deutsche Bürgerrechtler und Kirchen fordern seit Jahren, zumindest die Anzeigepflicht der Behörden gegenüber der Ausländerbehörde abzuschaffen. „Illegale müssen immer Angst haben, entdeckt zu werden. Dadurch werden sie ihrer grundlegendsten Rechte beraubt", sagt Leutheusser-Schnarrenberger. So kann ein illegaler Arbeiter nicht seinen Lohn einfordern, ohne vom Gericht enttarnt zu werden. Ärzte, die Illegale ohne Krankenversicherungskarte behandeln, bewegen sich am Rande der Legalität. Das Gleiche gilt für Schuldirektoren, die Kinder von illegalen Einwanderern nicht weitermelden. [...]

SPIEGEL ONLINE, Antonia Götsch, 8.3.2005
http://www.spiegel.de/politik/deutschland/0,1518,344560,00.html
(Stand: 1.6.2011)

1/2 Sabine Leutheusser-Schnarrenberger: bayerische FDP-Landesvorsitzende und Bundesjustizministerin

---

Der Status der Illegalität prägt das Leben von Menschen wie Iwona, die sich wie sie in München oder in anderen Großstädten Deutschlands aufhalten.

1 Überprüfen Sie, inwiefern die in diesem Artikel beschriebene Situation auch auf Iwona zutrifft.

2 Diskutieren Sie, ob Alex sich in Bezug auf Iwonas Aufenthaltsstatus richtig verhält.

3 Hätte Iwonas Leben einen anderen Verlauf genommen, wenn sie legal in Deutschland lebte?

4 Recherchieren Sie, ob sich die rechtliche Lage für Illegale in Deutschland inzwischen verändert hat.

Licht und Schatten
Leben in der Illegalität

Eines der Themen des Romans ist das Leben in der Illegalität. Die Rechtlosigkeit von Iwonas Existenz in Deutschland führt bei Alex bewusst oder unbewusst zu einer Macht über die Polin, die entscheidend ist für den Fortgang der Handlung und zentrale moralische Fragen aufwirft. An einer Stelle im Roman wird die Situation der illegal in Deutschland lebenden Polen auch allgemein angesprochen und sogar quantifiziert (S. 234). Iwonas Motive, an diesem Status festzuhalten, bleiben allerdings weitgehend im Dunkeln. Die Entfremdung von der eigenen Familie und die uneheliche Schwangerschaft, die in der katholisch geprägten Gesellschaft womöglich missbilligt wird, können nur unzureichend erklären, warum sie den illegalen Aufenthalt in München dem legalen Aufenthalt in einer polnischen Stadt vorzieht. Möglicherweise ist der Wunsch, in der Nähe von Alex zu leben, den sie als ihren „Mann" betrachtet (S. 239), der ausschlaggebende Grund, sich den schwierigen Lebensverhältnissen auszusetzen.

Die Fokussierung auf dieses Thema kann den Anlass geben für eine Erörterung der daraus folgenden moralischen und gesellschaftspolitischen Fragen. Der „Spiegel"-Artikel untermauert die Aktualität und Brisanz des Themas und zeigt, dass Peter Stamms Roman in dieser Hinsicht auf sorgfältigen Recherchen basiert.

1 Iwonas Situation als Illegale wird besonders deutlich, als sie krank wird und darauf angewiesen ist, dass jemand die Kosten für eine Operation übernimmt. Dies ist der Grund, warum sie ein einziges Mal von sich aus Kontakt zu Alex aufnimmt (S. 151 f.). Sie lebt von schlecht bezahlter Schwarzarbeit wie Kinderhüten, der Pflege alter Menschen und Putzen (S. 167). Jobs wie der in der christlichen Buchhandlung sind eher die Ausnahme.

Die Tatsache, dass sie von der Kirche angestellt und von dem Bibelkreis in der Schwangerschaft unterstützt wird, passt zu der im Artikel angesprochenen Position der christlichen Kirchen, die sich für illegale Einwanderer einsetzen.

2 Alex' Verhalten ist widersprüchlich: Einerseits ist er sofort bereit, Iwona finanziell zu unterstützen, als sie eine größere Summe für eine Operation braucht. Andererseits nutzt er Iwonas schwierige finanzielle Lage auch aus, indem er zur Befriedigung seiner sexuellen Wünsche den niedrigen Lohn überbietet und damit erkauft, dass Iwona Zeit für ihn hat und ihm wie eine Prostituierte zu Diensten ist (S. 167 f.).

Später setzt er sie unter Druck, als es darum geht, dass Iwona ihr Kind zur Adoption freigibt (S. 176).

Mit der Bezahlung des Krankenhausaufenthaltes rund um die Geburt „erkauft" er sich ebenfalls quasi das Vorrecht auf sein Kind (S. 194).

Ihm ist klar, dass Iwona keine Möglichkeit hat, ihre Interessen rechtlich durchzusetzen. Gleichwohl rechtfertigt er sein Handeln mit dem Argument, dass das Kind letztlich bei ihm besser aufgehoben sei als bei einer illegal in Deutschland lebenden Mutter (was in Bezug allein auf die finanzielle und rechtliche Lage sicher auch stimmt).

3 Lebte Iwona legal in Deutschland, könnte sie besser bezahlte Jobs annehmen, wäre krankenversichert und hätte alle Rechte als alleinerziehende Mutter. Sie wäre von Alex nicht in so extremer Weise finanziell abhängig. Inwiefern dies Einfluss auf ihren Charakter hätte – darüber kann man nur spekulieren.

Alex stellt bei Iwona eine „Mischung aus Unterwürfigkeit und Impertinenz" (S. 153) fest, die sich zum Teil auch aus ihrem Status als Illegale ergeben könnte. Es gehört schon eine gewisse Dreistigkeit dazu, permanent und ganz bewusst gegen geltendes Recht zu verstoßen und einen Straftatbestand zu erfüllen. Auf der anderen Seite erfordert dieses Leben ein hohes Maß an Unterwürfigkeit gegenüber Arbeitgebern, Mitwissern und Unterstützern, um nicht entdeckt zu werden. Warum sollte diese Haltung und Überlebensstrategie über Jahre nicht so verinnerlicht werden, dass sie zu einer Charaktereigenschaft wird?

Alex stellt sich und Iwona an einer Stelle die Frage, warum sie nicht nach Polen zurückgehe. Dort müsste sie die Mühen der illegalen Existenz nicht auf sich nehmen. Aber dies ist für Iwona keine Option (S. 172). Die Gründe hierfür bleiben jedoch im Dunkeln.

4 Der Umgang mit Illegalen wird in den europäischen Ländern unterschiedlich gehandhabt und im Zusammenhang mit aktuellen illegalen Einwanderungswellen z. B. aus Nordafrika immer wieder heiß diskutiert.

Längst gibt es Vorschläge für die Finanzierung einer ärztlichen Notversorgung oder den Umgang mit schulpflichtigen Kindern.

Die weiterführenden Recherchen können der Ausgangspunkt für die Erörterung gesellschaftspolitischer und moralischer Fragen sein.

Baupläne und Stile

Le Corbusier: Architektur als soziale Aufgabe

Cité Radieuse in Marseille, 1951

William J. R. Curtis

Die Cité Radieuse in Marseille

Die Unité[1] steht unweit des Boulevard Michelet im Hafenbezirk von Marseille. Auf den ersten Blick wirkt sie wie eine Felsenklippe, die sich über eine karge Landschaft mit einigen Bäumen und Sträuchern erhebt [...].
Jede der größeren Wohnungen verfügt über einen zwei Geschosse hohen Wohnraum mit einer Terrasse und einer Stockwerksfläche, die zu kleineren Balkons auf der entgegengesetzten Seite durchreicht. Es gibt 23 unterschiedliche Wohnungstypen für alle Bedürfnisse, von der Einzelperson bis zur Familie mit vier Kindern.
Die Elemente sind standardisiert, ihre Kombination variiert. Die industriell hergestellten Einheiten sind in den Konstruktionsrahmen des Gebäudes eingefügt wie Weinflaschen in ein Lagerregal. Doch der ästhetische Eindruck ist weder eintönig noch unruhig: keine Banalität, sondern Einheitlichkeit durch Rücksicht auf Proportionen, Rhythmus, menschlichen Maßstab und plastische Massengliederung [...]. Eine innere Straße mit Läden, einem Restaurant und sogar einem Hotel artikuliert sich auf halber Höhe des Blocks als transparente verglaste Fläche. Die Dachterrasse ist durch eine Reihe skulpturaler Objekte markiert – den Gymnastikraum, die Kinderkrippe und die bizarre Form des Ventilationsschlotes [...].
Diese Terrasse mit ihrer Laufpiste, dem Wasserbecken und den Betonplastiken, die ein Echo zu den weiter entfernten provenzalischen Bergen bilden, ist ein neues Beispiel für Le Corbusiers mediterranen Mythos. Wenn die Sonne auf die kühnen Betonformen scheint und sich im Wasserbecken spiegelt, wenn die Bäume unten rauschen und die Bucht in der Ferne glitzert, verfällt man zwangsläufig Le Corbusiers Traum vom guten Leben – seiner Alternative zur Misere der Industriestadt. [...]
Le Corbusiers Analyse begann bei der einzelnen Familie. Verdichtete Wohnbebauung wollte er mit den „wesentlichen Freuden" von Licht, Raum und Grün in Einklang bringen. Diese Absicht spiegelt sich in dem Verhältnis 2 : 1 der Wohnungsschnitte wider. Die großzügigen Wohnräume erlauben einen schönen Ausblick über Balkons hinweg, die sich (zumindest in Marseille) als Lebensraum nutzen lassen. Küche, Badezimmer und Schlafzimmer haben die halbe Höhe und sind jeweils in den verbleibenden Teil der Wohnungen eingepasst. [...] Zur Wohnung gehört sogar eine Galerie auf dem oberen Niveau des Doppelgeschosses.

Curtis, S. 284–286

---

1 Unité: Abkürzung für „Unité d'Habitation" („Wohneinheit"), anderer Name für Cité Radieuse („strahlende Stadt")

1 Suchen Sie die Textstelle heraus, in der die Cité Radieuse im Roman beschrieben wird.
Wie sieht Alex das Wohngebäude?

2 Über Sonja heißt es auf S. 52: „Sie war eine Verehrerin Le Corbusiers [...]."
Klären Sie, was Sonja an Le Corbusiers Architektur besonders anspricht, und begründen Sie dies aus dem Text.

3 Kann Le Corbusiers „Traum vom guten Leben" in einem Wohnblock für 1800 Menschen Realität werden?
Überlegen Sie, ob Sie dort wohnen wollten.

Baupläne und Stile
Le Corbusier: Architektur als soziale Aufgabe

Die Charaktere des Romans lassen sich zum Teil durch ihre architektonischen Vorlieben erschließen. Dazu gehört auch der offensichtliche Widerspruch zwischen Anspruch und Wirklichkeit, wie er besonders bei Sonja erkennbar ist, der sich aber auch schon bei dem von ihr so verehrten Le Corbusier (1887–1965) erkennen lässt. Exemplarisch wird dies an der im Roman erwähnten Cité Radieuse (auch „Unité d'Habitation" genannt) in Marseille verdeutlicht. Die von Le Corbusier idealisierte und von Sonja weitgehend unkritisch übernommene Vorstellung von einem „guten Leben" für alle sozialen Schichten wird von Alex hinterfragt und letztendlich als „naive Liebe zur Unterschicht" entlarvt, die man der Tochter aus gutbürgerlichem Hause nicht abnehmen kann (S. 52). Besonders deutlich wird die Diskrepanz zwischen Anspruch und Wirklichkeit an dem von Le Corbusier ganz und gar positiv gemeinten Begriff „Wohnmaschine", der heute eher negative Assoziationen von sozialer Verelendung in tristen Vorstädten hervorruft. Es bietet sich an, die Vorstellungen bezüglich dieses Begriffs im Unterrichtseinstieg zu erfragen und die Verschiebung der Konnotation vom Positiven zum Negativen zu thematisieren. – Die unterschiedlichen Vorstellungen von der sozialen Funktion und Verantwortung von Architektur, die im Roman an verschiedenen Stellen immer wieder zur Sprache kommen, kann man nutzen, um mit den Schülerinnen und Schülern über diese Fragen nachzudenken. Hierzu ist es ratsam, weitere Abbildungen der „Wohnmaschinen" Le Corbusiers im Internet zu suchen bzw. auch entsprechende Gebäude zu besichtigen (z. B. das „Le-Corbusier-Haus" am Olympiastadion in Berlin). Eine Zusammenarbeit mit den Fächern Bildende Kunst und Geografie (Städtebau) wäre ideal.

1 Die Cité Radieuse wird im Roman ausführlich auf S. 77–79 beschrieben. Der erste Eindruck, den Alex hat, ist der eines „ziemlich heruntergekommene[n]" Gebäudes mit dunklen Fluren und kleinen Treppenhäusern. Auf dem Dach ist es heiß (S. 77). Alex assoziiert mit dem Begriff „Wohnmaschine" die Batteriehaltung von Legehennen (S. 78) und macht sich lustig über die Anpassung der Raummaße an den Modulor (idealisiertes, an den Proportionen des Goldenen Schnitts orientiertes Modell des Menschen, S. 77). Gleichwohl kann er dem Gebäude eine gewisse Qualität nicht absprechen und muss zugeben, dass ihn der Wohnblock beeindruckt (S. 77 f.).

2 Sonja schwärmt anders als Alex mit „leuchtende[n] Augen" (S. 77 f.) von der „Wohneinheit" und bewegt sich in ihr wie in einer Kirche (S. 77). Die Kritik von Alex ärgert sie, ohne dass sie sich damit auseinandersetzen würde. Die Masse der Menschen, die hier wohnt, ist für sie kein Widerspruch zur Entfaltung von Individualität.
An anderer Stelle wird festgestellt, dass Alex und Sonja grundverschiedene Ansichten über Architektur haben (S. 66), was am Beispiel der Cité Radieuse weitgehend bestätigt wird. Sonja glaubt „an den Menschen und an die Menschlichkeit und an den Fortschritt" (S. 83). Dies hat sie mit Le Corbusier gemeinsam. Sie weiß alles über ihn und sein Werk und verteidigt seine Ideen gegenüber kritischen Kommilitonen. Die durchaus fragwürdige Haltung, die Le Corbusier im Zweiten Weltkrieg eingenommen hat (Kooperation mit der Vichy-Regierung; Versuche, Mussolini für seine architektonischen Ideen zu gewinnen), wird ausgeblendet (S. 65).
Sonjas Idealismus als Architektin wird auch deutlich, als sie von ihrem Projekt eines Kinderhorts für einen großen Industriebetrieb spricht (S. 33). Ihr Ausspruch „Mein Kunde ist das Kind" erinnert an Le Corbusiers Anspruch, bei der einzelnen Familie mit seinen Überlegungen zu beginnen.
Für Alex ist klar, dass Sonja sowohl eine steile Karriere machen als auch sich im sozialen Wohnungsbau engagieren wird (S. 33). Der hohe ästhetische Anspruch, der sich in einer kühlen Intellektualität (S. 79) und schnörkellosen Formensprache ausdrückt, führt bei Sonja bisweilen dazu, dass entgegen allem sozialen Anspruch und aller Benutzerorientierung das Praktische aus dem Blickfeld gerät (S. 163).

3 Alex stellt Sonja provokativ die Frage: „Mal ganz ehrlich, würdest du da wohnen wollen?" (S. 78), was Sonja prompt bejaht. Dass Le Corbusiers Traum von einer großen sozialen Gemeinschaft in seinen „Wohnmaschinen" Wirklichkeit geworden ist, darf bezweifelt werden, wenngleich es große Unterschiede an den einzelnen Standorten geben mag. Das Pro und Kontra wird von William J. R. Curtis folgendermaßen zusammengefasst: „Weder die Verfechter noch die Gegner der Hochhäuser bedienen sich sonderlich subtiler Argumente. Während die Befürworter vor allem in den fünfziger Jahren einen ganzen Katalog von Vorteilen zusammengstellt hatten (Hygiene, Verdichtung, Grünanlagen, Ordnung, Auflösung von Slums und so weiter), sammelten die Opponenten in den sechziger Jahren eine Fülle von Gegenargumenten. Sie behaupteten, ‚Hochhäuser' (alle Hochhäuser überall) führten zu gesellschaftlicher Isolation, zerstörten den städtischen Maßstab, belasteten die sehr Jungen und die sehr Alten, vermittelten kein Heimatgefühl und seien ein Kennzeichen sozialer Unterdrückung. Ob es nun wirklich an architektonischer Unzulänglichkeit oder am allgemeinen Zustand des Unbehagens lag – sicher ist, dass das Charisma der Unité und der großmaßstäblichen Städteplanung zu schwinden begann." (Curtis, S. 293)
Welche dieser Argumente heute noch Gültigkeit haben, wie die junge Generation Wohnblocks vom Ausmaß der Cité Radieuse beurteilt, kann nur eine Diskussion mit den Schülerinnen und Schülern zeigen.

Baupläne und Stile

Aldo Rossi: Ablehnung des Moralismus in der Architektur

Aldo Rossi/Bernard Huet[1]

Das von Aldo Rossi entworfene Quartier Schützenstraße in Berlin Mitte, 2000

Bernard Huet: Lange Zeit hindurch kannte man nur einen Aldo Rossi, den Theoretiker und Autor des berühmten Buches *Die Architektur der Stadt*. Ziemlich bald hat man jedoch in zauberhaften Architekturentwürfen
5 und stark autobiografisch geprägten Bildern die poetische Welt des Aldo Rossi entdeckt [...]. Eines Tages gab es dann eine Neuigkeit: Aldo Rossi entwirft nicht nur theoretische Projekte, er baut sie sogar. [...]
Aldo Rossi: [...] Als ich anfing, mich mit Architektur zu
10 beschäftigen, spielte z. B. das Schreiben eine beachtliche Rolle. Meine Bildung ist im Grunde literarisch, und so hielt ich das Schreiben für das entscheidende Mittel, aus der katastrophalen Lage herauszukommen, in der sich die Architektur in den 60er Jahren befand, als ich mein Stu-
15 dium [...] absolvierte.
Der so oft erhobene Vorwurf, es gäbe eine Schule junger Architekten, die mich kopieren [...], missfällt [...] mir gar nicht. [...] Im Grunde habe ich erreicht, was ich wollte. Ich bin überzeugt davon, dass man seine eigene Persön-
20 lichkeit entwickeln kann, nachdem man sich einmal exakte Grundlagen in der Architektur angeeignet hat.

B. H.: [...] Welchen Platz nimmt das Problem der Erfindung im Rahmen deines Werkes ein?
A. R.: Für mich ist das Erfinden eine Art zu leben und darf kein Problem sein. Ich kann und will mir nicht das 25 Problem stellen, eine neue Architektur zu erfinden. Ich schaffe eine neue Architektur und drücke mit dieser Architektur einige Dinge aus [...]. Jeder von uns erfindet, wenn er seine eigene Sensibilität ausdrückt.
[...] Hunderte und Tausende von Menschen können 30 dasselbe sehen, doch jeder nimmt es auf besondere Art wahr. Es ist ein bisschen wie mit der Liebe: Man begegnet vielen Menschen und es geschieht nichts, und dann verliebt man sich in eine ganz bestimmte Person. [...]
B. H.: Stimmt es eigentlich, dass du einem Journalisten, 35 der dich gefragt hat, wo du dich einordnest, ob du modern oder eher postmodern seist, geantwortet hast: „Nein, ich bin nicht postmodern, denn ich bin nie modern gewesen." Wie erklärst du heute deine Haltung zur Moderne?
A. R.: Fragt sich denn ein Kranker, ob sein Arzt modern 40 oder unmodern ist? Es handelt sich zunächst einmal um einen Arzt, der die Medizin von heute praktiziert, wobei er natürlich bestimmte Heilverfahren gegenüber anderen bevorzugen kann. Als ich antwortete, ich könne nicht postmodern sein, weil ich nie modern war, wollte ich 45 einfach nur sagen, ich bin ein Architekt und übe diesen Beruf aus, wie es die Architekten immer getan haben. [...] Im Grunde genommen ist die Krankheit der Moderne – zumindest eine ihrer Krankheiten [...] – der Moralismus. Das heißt der Einbruch der moralischen Frage in die 50 Architektur. An dieser Krankheit leiden wir bedauerlicherweise noch heute. Und wenn ich sage, ich bin nicht modern, erkläre ich meine Ablehnung des Moralismus in der Architektur, ein Moralismus, der in keiner anderen künstlerischen Disziplin wütet. [...] 55

Berlinische Galerie (Hrsg.), S. 15–28

---

1 Bernard Huet (1934–2001): französischer Architekt, Stadtplaner, Autor

1 Fassen Sie Aldo Rossis Sicht auf die Architektur zusammen.

2 Vergleichen Sie den Architekten Alex mit seinem Vorbild Aldo Rossi. Gibt es Gemeinsamkeiten?

3 Aldo Rossi sagt: „Ich schaffe eine neue Architektur und drücke mit dieser Architektur einige Dinge aus [...]."
Untersuchen Sie S. 215 f., wo Alex von fiktiven architektonischen Projekten berichtet, die er Sonja nicht zeigen mag. Was könnte er mit seinen Entwürfen im Sinne von Aldo Rossi ausdrücken?

4 Wie ist angesichts von Alex' Verehrung für Rossi sein Ausspruch, Sonja sei ein „Kind der Moderne" (S. 83), zu bewerten?

Baupläne und Stile

Aldo Rossi: Ablehnung des Moralismus in der Architektur

Schwärmt Sonja für Le Corbusier, so sieht Alex in dem Architekturtheoretiker und Architekten Aldo Rossi (1931–1997) sein Vorbild. Der von Sonja als melancholisch und rückwärts gewandt charakterisierte Rossi (vgl. S. 111) erscheint als gelassener Gegenpol zu dem ambitionierten Weltverbesserer Le Corbusier und entspricht damit eher den Charaktereigenschaften von Alex. Insofern lassen sich über die Aussagen Rossis auch Alex' Ausflüchte in eine immer abstraktere, nur noch auf Zeichenblättern existierende sinn- und moralfreie Architektur deuten.

1 Aldo Rossi ist ein Architekt, der eine theoretische Grundlage für seine Entwürfe braucht. Bevor er reale Gebäude gebaut hat, hat er vor allem geschrieben („literarische Grundlage", Z. 11).

Junge Architekten, so Rossi, können über das Studieren und die Auseinandersetzung mit Vorbildern zu einem eigenen Stil finden. Kreative Erfindungen lassen sich nicht erzwingen, sie müssen von allein kommen. Sie drücken die eigene Sensibilität aus.

Die Frage einer Einordnung seiner Architektur in modern oder postmodern ist Rossi nicht so wichtig. An der modernen Architektur kritisiert er den Moralismus. Insofern dürfte er den Gedanken Le Corbusiers, dass die Architektur eines Gebäudes dessen BewohnerInnen zu besseren Menschen machen könne, ablehnen.

2 Alex liest in produktiven Phasen Edgar Allan Poe, Joseph von Eichendorff u. a. und er entwickelt Entwürfe von Gebäuden, die nicht realisiert werden (S. 111). Dies verbindet ihn mit Aldo Rossi, der seine Architektur auf eine literarische Grundlage stellt („Meine Bildung ist im Grunde literarisch", Z. 11) und erst theoretische Ideen entwickelt hat, bevor er konkrete Bauvorhaben realisierte. Nach seinem Studienabschluss versucht Alex sich an einem neuen, nie in die Realität umgesetzten Entwurf, mit dem er die „Freiheit und Offenheit, die [er] verspürte, darzustellen und mitzuteilen" (S. 47) versucht. Auch diese Gedanken ähneln denen des Vorbilds Rossi, da es ihm bei diesem Entwurf vor allem darum geht, eigene Gefühle auszudrücken.

3 „Ich verstand Architekten wie Boullée, die sich irgendwann ganz auf das Zeichnen verlegt hatten ohne den Ehrgeiz, jemals eins von ihren Werken verwirklicht zu sehen. Nur in der fiktiven Welt der Pläne und Skizzen war man frei, alles so zu machen, wie man es sich vorstellte. Ich fing an, abends zu zeichnen, meist überdimensionierte Innenräume, leere Hallen mit dramatischen Lichteffekten, sakrale Bauten, Labyrinthe und unterirdische Anlagen." (S. 215 f.)

Diese Textstelle kann man so deuten, dass die überdimensionierten Innenräume für ein Freiheitsgefühl stehen, das die engen Grenzen des bürgerlichen Lebens mit Haus, Frau und Kind sprengt. Die dramatischen Lichteffekte, die Labyrinthe und unterirdischen Anlagen könnten für eine in der Ehe nicht realisierte Leidenschaft stehen, die Alex bei Iwona findet, auf die auch die sakralen Bauten hindeuten.

4 Mit diesem Ausspruch grenzt Alex sich von Sonja ab – sie ist nicht wie er, sondern vertritt in der Architektur und in gewissem Sinne auch im Leben gegenteilige Positionen. Alex reproduziert die Skepsis Aldo Rossis gegenüber der Moderne, für die aber ja gerade Sonja einsteht.

Baupläne und Stile

Étienne-Louis Boullée: Vereinigung von Wissenschaft und Kunst

Étienne-Louis Boullée

Was ist Architektur?

Étienne-Louis Boullée: Kenotaph[1] für Newton[2] (Federzeichnung, laviert, 1784)

Was ist Architektur? Soll ich Vitruv[3] folgen und sie als Kunst zu bauen definieren? Sicherlich nicht! In dieser Definition steckt ein grober Fehler: Vitruv verwechselt Ursache und Wirkung.
Um etwas praktisch zu verwirklichen, muss man es zuerst verstandesmäßig erfasst haben. Unsere frühesten Vorfahren haben ihre Hütten erst dann gebaut, als sie eine feste bildliche Vorstellung davon hatten. Gerade diese Geistesarbeit, dieser schöpferische Akt ist es, aus dem Architektur entsteht, die wir damit folgerichtig als Kunst definieren können, jedes beliebige Bauwerk hervor- und zur Vollendung zu bringen. Die Kunst zu bauen ist demnach zweitrangig, und es erscheint uns angebracht, sie als den wissenschaftlichen Teil der Architektur zu betrachten.

Reine Kunst mit Wissenschaft vereint, das ist es, was wir in der Architektur zu erkennen glauben.
Die meisten Autoren, die über dieses Gebiet geschrieben haben, beschränken sich auf den technischen Teil. Wenn man ein wenig darüber nachdenkt, scheint dies ganz natürlich. Zuerst war es notwendig, sicheres Bauen zu studieren, erst dann konnte man an gefälliges Bauen denken. Da also der technische Teil von absoluter Notwendigkeit war und deshalb der wesentlichste, entschlossen sich die Menschen ganz natürlicherweise, sich zunächst besonders mit ihm zu befassen.
Im Übrigen muss man zugeben, dass die Schönheit der Kunst nicht wie Mathematik bewiesen werden kann. [...] Nehmen wir einmal an, ein junger Architekt macht gewisse Fortschritte, die ihm einen guten Ruf und die Gunst des Publikums eintragen. Er wird von einer Fülle von Anforderungen und Einzelheiten aller Art überhäuft werden, er wird gezwungen sein, sich ganz den ihm anvertrauten Aufträgen zu widmen; ununterbrochen damit beschäftigt, Schritte zu unternehmen, die das in ihn gesetzte Vertrauen rechtfertigen, mit einem Wort: Zum Geschäftsmann geworden, ist er als Künstler für den Fortschritt der Kunst verloren und kann nicht mehr auf den wahren Ruhm hoffen, den er hätte beanspruchen können. Er muss das Studium seiner Kunst aufgeben, weil er nicht mehr die nötige Zeit dazu findet.

Boullée, S. 45–54

---

1 Kenotaph: leeres Grabmal zur Erinnerung an einen Toten, der an einer anderen Stelle begraben ist
2 Isaac Newton (1642–1726): englischer Mathematiker, Physiker und Philosoph
3 Vitruv (ca. 70–60 v. Chr. – ca. 10 v. Chr.): römischer Architekt und Architekturtheoretiker

---

Der Protagonist Alex beschäftigt sich mehrfach mit dem Architekten Étienne-Louis Boullée (1728–1799). Die Faszination für Boullée unterscheidet ihn von Sonja. Der Textauszug stammt aus dem Vorwort zu Boullées zentralem Werk mit dem Titel *Architektur. Abhandlung über die Kunst*. Dieses Werk enthält seine in den Jahren 1778 bis 1788 entstandenen Entwürfe.

1 Fassen Sie Étienne-Louis Boullées Definition von Architektur mit eigenen Worten zusammen.

2 Untersuchen Sie, inwiefern die von Étienne-Louis Boullée dargestellte Entwicklung eines jungen Architekten vom Künstler zum Geschäftsmann auf Alex, Sonja, Ferdi und Rüdiger zutrifft.

3 Informieren Sie sich auf Homepages von Universitäten über den Aufbau des Architekturstudiums. In welchem Verhältnis stehen die eher künstlerische und die eher technische Ausbildung zueinander? Welchen Stellenwert hat die Kreativität?

4 Wie sind die Anteile Kreativität und technische Umsetzung im Berufsalltag von Alex und Sonja verteilt?

Baupläne und Stile

Étienne-Louis Boullée: Vereinigung von Wissenschaft und Kunst

Es überrascht vielleicht, dass Alex eine so große Freude daran findet, architektonische „Luftschlösser" zu bauen. Sonja hat dafür wenig Verständnis, schließlich zeigt er ihr gar nicht mehr, was er zeichnet, weil er fürchtet, sie könne ihn für verrückt erklären (S. 216). Das mehrfach genannte Vorbild in dieser Hinsicht ist der französische Architekt Étienne-Louis Boullée, der ähnliche Objekte gezeichnet hat, von denen das bekannteste das Kenotaph für Newton ist.

Diese Aktivitäten werfen die Frage auf, ob man beim Zeichnen von Fantasiegebäuden, die keine Realisierung erfahren oder vielleicht nicht einmal eine Funktion haben, überhaupt noch von Architektur sprechen kann.

Alex folgt Étienne-Louis Boullée, der in der Architektur mehr sah als die Kunst, zu bauen. Das Zeichnen ist Alex' Weg, neben dem Geschäftsmann, der er entsprechend Boullées Beschreibung geworden ist, auch noch Künstler zu sein. Auch die anderen jungen Architekten machen mit Ausnahme von Rüdiger im täglichen Leben eine vergleichbare Entwicklung durch. Sie müssen sich Auftraggebern und finanziellen Zwängen beugen und finden unterschiedliche Wege, damit umzugehen.

Architektur gehört zu den besonders begehrten Studienfächern. Gleichwohl müssen Studierende immer wieder feststellen, dass sie andere Erwartungen an dieses Fach hatten. Anhand des Vorworts aus Boullées Schrift sollen die Schülerinnen und Schüler die Antwort auf die Frage „Was ist Architektur?" nachvollziehen und im besten Fall eine eigene Position entwickeln. Die Analyse der Lebenswege der jungen Architekten im Roman sowie die weiterführenden Recherchen können ein differenzierteres Berufsbild entwickeln helfen.

1 Étienne-Louis Boullée grenzt sich von Vitruvs Definition für Architektur ab. Dieser hatte Architektur als die Kunst des Bauens bezeichnet.

Im Gegensatz zu Vitruv, der die technische Seite der Architektur betont, die letztendlich dafür einsteht, dass die Bauwerke einsturzsicher sind und ihre Funktion erfüllen, möchte Boullée auch die ästhetische Dimension gleichrangig in einer Definition der Architektur enthalten wissen. Ein Bauwerk hat demnach nicht nur einen pragmatischen Zweck zu erfüllen, sondern ist gleichzeitig ein Kunstwerk.

Erst wenn Kunst und Wissenschaft (so bezeichnet Boullée den technischen Aspekt) zusammenkommen, kann von Architektur die Rede sein.

2 Alex gibt seine künstlerischen Ambitionen bereits im Praktikum auf, das sich an sein Diplom anschließt. Über die Langeweile, die er beim Zeichnen der immer gleichen Treppenhäuser hat, äußert er sich wie folgt: „Die Langeweile hatte einen verführerischen Reiz. Insgeheim genoss ich es, keine Verantwortung zu haben und kein Ziel" (S. 110 f.).

Später zeichnet und entwickelt er als Ausgleich zur technisch dominierten Arbeitswelt Fantasiegebäude auf dem Papier ohne jede praktische Relevanz (S. 216).

Sonja entwickelt sich in Marseille weiter (S. 130). Sie drängt darauf, ins Ausland oder in den Osten zu gehen, wo sie hofft, ihre Ideen leichter verwirklichen zu können. Sie sieht sich anders als Alex und Ferdi in ihrer Berufsausübung vor allem als Künstlerin. Dies wird u. a. deutlich, als sie einem Schulhausmeister, der die Fahrradständer vergrößern will, weil der Bedarf an Stellplätzen größer als geplant ist, mit ästhetischen Einwänden kommt und für die pragmatischen Erwägungen kaum Verständnis aufbringen kann (S. 163).

Ferdi hat eine Familie zu ernähren und übt seinen Beruf ganz nach pragmatischen Gesichtspunkten aus.

Im wiedervereinigten Berlin wird viel gebaut und er passt sich an die Kunden an, wird ganz und gar zum Geschäftsmann. Zur künstlerischen Seite seines Tuns sagt er: „Gestaltung schade nicht […], aber das Wichtigste seien Terminsicherheit und die Einhaltung der veranschlagten Kosten." (S. 183 f.)

Rüdiger gilt im Studium als der genialste unter den angehenden Architekten (S. 52 f.), obwohl er keinen Abschluss macht (S. 46). Er versucht sich als Künstler und lebt von dem Geld seiner Eltern (S. 186). Später heißt es, er arbeite in einem Thinktank in der Schweiz, wo er Studien über „Wohnformen von morgen" anfertigt (S. 185).

Die technische Seite seines Berufes scheint ihn schon im Studium nicht zu interessieren, als Künstler scheitert er, so bleiben vage Forschungen und Beratertätigkeiten (S. 263), die keinesfalls mehr Boullées Vorstellungen von der Tätigkeit eines Architekten entsprechen.

4 Im gemeinsamen Architekturbüro ist Sonja der kreative Kopf, während Alex sich um den technischen (nach Boullée: „wissenschaftlichen") Teil kümmert (S. 150).

Je länger beide zusammenarbeiten, umso stärker wird diese Arbeitsteilung.

Baugrund und Fundament

Eine biblische Dreiecksgeschichte

Altes Testament

Die Geschichte von Jakob, Lea und Rahel (1. Buch Mose, 29)

Louis Gauffier: Jakob begegnet den Töchtern Labans
(Öl auf Leinwand, 1782)

Nach den Geschichten von Abraham erzählt das Alte Testament die Geschichte von Jakob, dem Enkel Abrahams und Sohn Isaaks und Rebeccas. Sie beginnt damit, dass Jakob aus seinem Elternhaus fliehen muss, weil es zwischen ihm und seinem Bruder Esau zu einem tödlichen Streit gekommen ist. Jakob hatte mit Hilfe der Mutter durch List seinen erblindeten Vater dazu gebracht, ihm den Erstgeborenensegen zu geben, der eigentlich dem älteren Zwillingsbruder Esau zugestanden hätte. Rebecca schickt Jakob in die eigene Heimat zu ihrem Bruder Laban, damit er dort wartet, bis Esaus Zorn sich gelegt hat, und damit er eine Ehefrau aus ihrem Stamm findet.

Nach langem Fußmarsch kommt Jakob bei seinem Onkel Laban an und verliebt sich bei der ersten Begegnung an einer Wasserstelle in dessen schöne jüngere Tochter Rahel. Er bietet dem Onkel an, ihm sieben Jahre zu dienen, wenn er ihm Rahel zur Frau gäbe. Laban willigt ein. Doch als Jakob nach sieben Jahren Dienst und einer Hochzeitsnacht mit einer nach Landessitte in dichte Schleier gehüllten Braut seine Ehefrau das erste Mal unverschleiert sieht, muss er feststellen, dass Laban ihn betrogen hat und ihm statt der schönen Rahel die ältere Tochter Lea zur Frau gegeben hat. Laban, zur Rede gestellt, begründet sein Handeln damit, dass es unschicklich sei, die jüngere Tochter vor der älteren zu verheiraten. Er bietet Jakob an, dass er Rahel als zweite Ehefrau bekommen könne, wenn er ihm noch weitere sieben Jahre diene. Jakob willigt ein und dient noch einmal sieben Jahre bei Laban.

Die Vielehe mit den beiden gegensätzlichen Schwestern ist nicht unkompliziert. In der Bibel heißt es: „Als aber der Herr sah, dass Lea ungeliebt war, machte er sie fruchtbar, Rahel aber war unfruchtbar." Lea gebiert Jakob neben mehreren Töchtern sechs Söhne, während die geliebte Rahel lange Zeit vergeblich darauf wartet, schwanger zu werden. Schließlich bekommt sie doch noch zwei Söhne: Joseph und Benjamin, die beide von ihrem Vater als Kinder der Lieblingsfrau bevorzugt werden. Bei der Geburt Benjamins stirbt Rahel.

1 Die alttestamentarische Geschichte von Jakob, Lea und Rahel bringt Iwonas streng religiöser Bekannter Hartmeier zur Sprache. Suchen Sie die enstsprechende Textstelle heraus und klären Sie, in welchem Kontext Hartmeier auf den Text aus dem 1. Buch Mose kommt.

2 Hartmeier zieht Parallelen zwischen den Personen der biblischen Geschichte und den Personen aus Alex' unmittelbarem Umfeld. Ordnen Sie Alex, Iwona und Sonja die entsprechenden Rollen aus der biblischen Geschichte zu.

3 In der biblischen Geschichte geht es um Liebe, Betrug und die zweimalige Frist von sieben Jahren.
Suchen Sie nach Parallelen im Roman, aber auch Unterschieden.

4 Der Erzähler des biblischen Textes sieht in der Fruchtbarkeit Leas eine Art „ausgleichende Gerechtigkeit" Gottes für die Tatsache, dass sie von ihrem Ehemann weniger geliebt wird.
Gibt es den Gedanken, dass Iwona irgendeinen „Ausgleich" für ihre untergeordnete Position gegenüber Sonja erhält, auch im Roman? Suchen Sie Textbelege.

Baugrund und Fundament
Eine biblische Dreiecksgeschichte

Peter Stamm erwähnt die biblische Geschichte aus Genesis 29 in einer Schlüsselszene des Romans, nämlich als Alex erfährt, dass Iwona schwanger ist. Die Schwangerschft Iwonas bringt Alex' Schwanken zwischen den beiden so unterschiedlichen Frauen ans Licht und führt zur fragwürdigen Entscheidung, Iwona zur Freigabe ihres Kindes zu überreden, mit all den damit verbundenen moralischen Verstrickungen, in die dann auch Sonja einbezogen ist. Anders als die tief im christlich-katholischen Verständnis von Schuld und Sünde verwurzelten Figuren Hartmeier und Iwona nimmt der biblische Text jedoch keine Schuldzuweisungen vor, im Gegenteil: Der betrogene Betrüger Jakob steht weiterhin unter dem Schutz Gottes, der lediglich eingreift, indem er für eine Art gerechten Ausgleich zwischen den beiden ungleichen Ehefrauen sorgt: Er macht die unattraktivere fruchtbar, während die bervorzugte schöne Ehefrau zunächst für lange Zeit kinderlos bleibt und schließlich bei einer Geburt stirbt. In der Geschichte des Volkes Israel, das sich später aus zwölf Stämmen zusammensetzt, die auf die zwölf Söhne Jakobs zurückgehen, spielt die Frage, welche Mutter diese Söhne zur Welt gebracht hat, keine Rolle mehr. (Allerdings wird später im mosaischen Gesetz die Vielehe verboten.)

Die Schülerinnen und Schüler können die Andeutungen Hartmeiers und Iwonas Hoffnungen nur verstehen, wenn sie auch den biblischen Text kennen, der auf dieser Kopiervorlage in verkürzter Form nacherzählt wird. Lediglich das von Hartmeier angebrachte Zitat „Aber der Herr sah, dass Lea weniger geliebt wurde, und öffnete ihren Mutterschoß" (S.174) wird im Text in einer Übersetzung nach Martin Luther wiedergegeben.

1 Die biblische Erzählung von Jakob, Lea und Rahel wird auf Seite 174 erwähnt. Der streng religiöse Hartmeier verwendet sie, um Alex über die Schwangerschft Iwonas zu informieren. Dabei macht er ihm durchaus Vorwürfe („er finde es nicht richtig, wie ich Iwona behandle", S.173) und weist ihn darauf hin, dass Iwona nach ihrem religiösen Verstandnis in gewissem Sinn ihr Seelenheil für ihn geopfert habe, indem sie mit einem verheirateten Mann Geschlechtsverkehr gehabt habe.

Hartmeier zieht mit dem altertümlich übersetzten Bibelzitat selbst den Vergleich zwischen Iwona und Lea, obwohl er Sonja nicht kennt und nicht wissen kann, dass sie in Alex' Augen die schönere der beiden Frauen ist, die sich vergeblich darum bemüht, schwanger zu werden.

2 Alex = Jakob
Iwona = Lea (weniger geliebt, unscheinbar, aber schwanger)
Sonja = Rahel (geliebt, schön, aber unfruchtbar)

3 Hartmeiers Vergleich in Bezug auf die sieben Jahre Wartezeit stimmt nur bedingt.
In der biblischen Geschichte muss Jakob sieben Jahre warten, bis er die geliebte Frau heiraten kann (und zunächst betrogen wird), in der Dreiecksgeschichte ist es Iwona, die sieben Jahre wartet und mit der Schwangerschaft offensichtlich die Erwartung verbindet, Alex würde Sonja verlassen und sie heiraten („Sie sieht aus wie eine Braut, dachte ich"; „Sie musste allen Ernstes geglaubt haben, ich verließe Sonja für sie", S.176).
Jakob ist zwar im Falle der Heirat der Betrogene, aber auch ein Betrüger, wie aus der Vorgeschichte hervorgeht und bei genauer Lektüre des Bibeltextes noch an anderen Stellen deutlich wird.

Ebenso ist Alex nicht frei von Schuld. Er betrügt immer wieder Sonja und täuscht in Bezug auf die Vaterschaft gemeinsam mit Sonja sein ganzes Umfeld und nicht zuletzt die eigene Tochter.

Durch das aufgebaute Lügengebäude und den ungelösten Konflikt, auf keine der Frauen verzichten zu wollen/können, verliert Alex schließlich Sonja. Dies kann man als Parallele zu Rahels frühem Tod sehen, der durch die ersehnte und mit allen Mitteln herbeigeführte Geburt des Kindes eintritt.

4 Es ist Iwonas Cousine Ewa, die eine Art Bilanz von Iwonas Leben zieht. Gegenüber Alex äußert sie: „Auf ihre Art ist Iwona glücklich. Sie sind in ihr. Seit fünfzehn Jahren ist sie verliebt. Sie lachte. Schauen Sie mich an. Ich habe einen Mann gehabt, aber bin ich deswegen besser dran?" (S.247)

Die Frage könnte man auch auf Sonja beziehen. Sie ist mit Alex verheiratet, dafür musste sie ihre Karrierepläne einschränken, hinnehmen, dass ihr Mann sie betrügt, sein durch Fremdgehen entstandenes Kind adoptieren etc. Letztendlich ist die Situation derart belastend, dass sie sich für eine Trennung entscheidet.

Gegenüber Antje kommt auch Alex zu der Einschätzung, dass Iwonas Leben nicht ganz und gar unglücklich ist: „Dass ein Mensch, der liebt, immer schon gewonnen hat, egal ob sich seine Liebe erfüllt oder nicht." (S.200)

In Bezug auf die Frage, ob Glück und Unglück zwischen den beiden Frauen ungleich verteilt sind, gibt es jedenfalls keine eindeutige Antwort.

Baugrund und Fundament

„Und jedem Anfang wohnt ein Zauber inne"

Hermann Hesse, 1952

Hermann Hesse: *Stufen* 1941

Wie jede Blüte welkt und jede Jugend
Dem Alter weicht, blüht jede Lebensstufe,
Blüht jede Weisheit auch und jede Tugend
Zu ihrer Zeit und darf nicht ewig dauern.
Es muss das Herz bei jedem Lebensrufe
Bereit zum Abschied sein und Neubeginne,
Um sich in Tapferkeit und ohne Trauern
In andre, neue Bindungen zu geben.
Und jedem Anfang wohnt ein Zauber inne,
Der uns beschützt und der uns hilft zu leben.

Wir sollen heiter Raum um Raum durchschreiten,
An keinem wie an einer Heimat hängen,
Der Weltgeist will nicht fesseln uns und engen,
Er will uns Stuf um Stufe heben, weiten.
Kaum sind wir heimisch einem Lebenskreise
Und traulich eingewohnt, so droht Erschlaffen,
Nur wer bereit zu Aufbruch ist und Reise,
Mag lähmender Gewöhnung sich entraffen.

Es wird vielleicht auch noch die Todesstunde
Uns neuen Räumen jung entgegensenden,
Des Lebens Ruf an uns wird niemals enden ...
Wohlan denn, Herz, nimm Abschied und gesunde!

Echtermeyer, S. 522

Hermann Hesse wurde 1877 in Calw geboren und starb 1962 in Montagnola bei Lugano in der Schweiz.
1946 erhielt er für sein Gesamtwerk den Nobelpreis für Literatur.
In seinen Werken thematisiert der Autor vor allem die Suche nach dem Selbst und der Selbstverwirklichung sowie nach einer Harmonie zwischen Geist und Leben.
Zu seinen bedeutendsten Romanen gehören *Der Steppenwolf* (1927) und *Das Glasperlenspiel* (1943).
Eines seiner bekanntesten Gedichte ist *Stufen*, das im Mai 1941 nach längerer Krankheit entstanden ist.

---

1 Formulieren Sie die Kernaussage von Hermann Hesses Gedicht mit eigenen Worten.
Gehen Sie insbesondere auf die Metapher des Raumes ein.
Überlegen Sie sich Anlässe im privaten oder gesellschaftlichen Leben, wo dieses Gedicht oder Teile daraus zitiert werden könnten.

2 Alex erwähnt an einer Stelle, dass Sonja Hermann Hesse zitiert (S. 110).
In diesem Zusammenhang wird auch der Vers „Jedem Anfang wohnt ein Zauber inne" aus Hesses Gedicht *Stufen* genannt.
Klären Sie den Kontext dieses Zitats.
Untersuchen Sie, inwiefern das Gedicht *Stufen* auf Sonjas Leben Anwendung findet.

Baugrund und Fundament
„Und jedem Anfang wohnt ein Zauber inne"

Hermann Hesse wird im Roman an zwei Stellen erwähnt: Während sich Sonja in Marseille als Architektin weiterentwickelt, schreibt sie Alex von ihren architektonischen Visionen, die in Zusammenarbeit mit ihrem Arbeitgeber entstehen. Hier fallen erstmals zwei Hesse-Zitate. Das erste lautet „Damit das Mögliche entsteht, muss immer wieder das Unmögliche versucht werden". Es stammt aus einem Brief Hesses an seinen Vetter Wilhelm Gundert von 1960. – Neid und Eifersucht führen bei Alex dazu, dass er sich nach Erhalt des Briefes ironisch an ein anderes Hesse-Zitat, nämlich jene Zeile „Und jedem Anfang wohnt ein Zauber inne" aus dem Gedicht *Stufen* erinnert, und sie auf eine von ihm fantasierte Liebesbeziehung zwischen Sonja und ihrem Arbeitgeber bezieht. Statt sich mit Sonjas Hesse-Zitat und der sich darin ausdrückenden „Lebensphilosophie" auseinanderzusetzen, antwortet Alex mit Spott, Eifersucht und einem Rossi-Zitat, das wiederum von Sonja nicht ernst genommen wird. Das Zitat aus dem Gundert-Brief fällt noch einmal, als Sonja ihre Zukunftsvisionen für das gemeinsame Leben mit Alex entwirft, diesmal im direkten Gespräch mit Alex, der diesen Satz als „schwachsinnige Maxime" abwertet (S. 137). Sonjas Liebe zu Hesse mag an dessen Verehrung von Teilen der 68er Generation anknüpfen und unterstreicht ihren naiv-optimistischen Hang zur Weltverbesserin. Dies soll im Rahmen eines Klassenarbeitsthemas ausgearbeitet werden (vgl. KV 23, S. 46). Der von Alex zitierte Vers „Und jedem Anfang wohnt ein Zauber inne" soll zum Anlass genommen werden, das ganze Gedicht kennen zu lernen. Dabei bietet es sich an, Sonjas Leben, das im Gegensatz zu Alex' Neigung, sich im Gewohnten einzurichten, immer wieder von optimistischen Aufbrüchen geprägt ist, auf den Inhalt von Stufen zu beziehen.

1 Hermann Hesse thematisiert in seinem Gedicht den Dualismus von Abschied und Neubeginn, der jedes Leben von der Jugend bis zum Alter prägt, wenn es nicht in „lähmender Gewöhnung" zum Stillstand kommen soll. Die Stufen symbolisieren die Lebensabschnitte; der Raum steht mit seinen drei Dimensionen für die Vergangenheit, die Gegenwart und die Zukunft. Einem Menschen, der immer wieder bereit ist „zum Abschied" und zum „Neubeginne", der bereit „zu Aufbruch ist und Reise", wird eine geistige Weiterentwicklung („Er will uns Stuf um Stufe heben, weiten") zuteil, die Gesundheit und schließlich eine positive Einstellung gegenüber dem Tod verspricht („neuen Räumen jung entgegensenden").

Das Gedicht eignet sich immer dann als Zitatenfundus, wenn in einem Leben ein Abschied und ein Neuanfang anstehen, die mit positiven, ermutigenden Worten begleitet werden sollen. Dies kann eine Abiturfeier sein, eine Eheschließung, ein Wechsel des Lebensmittelpunktes, der Aufbruch zu einer langen Reise oder ein beruflicher Neustart etc. Auch größere gesellschaftliche Veränderungen wie der Wechsel einer Regierung können Anlass sein, aus dem Gedicht einzelne Zeilen wie etwa den im Roman erwähnten Vers zu zitieren.

2 Der Vers aus dem Gedicht *Stufen* ist Alex' eifersüchtig-ironische Antwort auf Sonjas Hesse-Zitat „Damit das Mögliche entsteht, muss immer wieder das Unmögliche versucht werden", auf das sie offenbar im Rahmen ihrer Arbeit mit dem Marseiller Architekten Albert gestoßen ist und das sie sich als Maxime zunächst für ihre Arbeit, später für ihr Leben zu eigen macht. Sonjas Berichte über das Praktikum in Marseille klingen so euphorisch, dass der von seinem eigenen Praktikum gelangweilte und desillusionierte Alex eine Liebesbeziehung zwischen Sonja und Albert vermutet. Sonjas Ideen, dass Architektur „alle Sinne des Menschen" (S. 110) ansprechen soll, qualifiziert Alex als Geschwätz ab, um ihr dann gequält von ungerechtfertigter Eifersucht einen Seitensprung zu unterstellen. Damit wird der eigentliche Sinn des Gedichts grob reduziert und verfälscht.

Außerdem wird deutlich, dass Alex Sonjas Lebenseinstellung, die sich mit Hesses Gedicht durchaus in Verbindung bringen lässt, in keiner Weise teilt. Während Alex in München im Gewohnten verharrt und erschlafft (S. 111), drängt es Sonja, neue Erfahrungen zu sammeln: Das Praktikum im Ausland hat sie schon im Blick, bevor sie sich auf die Beziehung zu Alex einlässt (S. 32). An ihrem Ex-Freund Rüdiger kritisiert sie dessen Energielosigkeit (S. 67). Als eine ehemalige Praktikantin von ihrem Leben als Architektin in London bei dem Star-Architekten Norman Foster berichtet, fällt auf, dass Sonja sie im Grunde um die Erfahrungen beneidet (S. 216 f.). Auf private Veränderungen wie die Entscheidung, zu heiraten oder Sophie zu adoptieren, oder den finanziellen Ruin reagiert sie mit relativer Gelassenheit und pragmatischem Optimismus, sie lässt sich in „Tapferkeit und ohne Trauern" auf „andre, neue Bindungen" ein, ist quasi bei jedem „Lebensrufe" „bereit zum Abschied" und zum „Neubeginne". Am deutlichsten wird der Unterschied zwischen Sonja und Alex in dem Gespräch, als sie die wirtschaftliche Krise gemeinsam überwunden haben. Für Sonja scheint jede Herausforderung eine Chance zu sein, eine neue Daseinsstufe zu erklimmen, während Alex ohne sie resigniert hätte (S. 288 f.).

Baugrund und Fundament

Das fremde, gefühllose Wesen mit dem Panzer

Klaus Ensikat: Die Verwandlung (Zeichnung, 1997)

Franz Kafka wurde 1883 als Sohn eines tschechisch-jüdischen Vaters und einer deutsch-jüdischen Mutter in Prag geboren und starb 1924, schwer an Tuberkulose erkrankt, in einem Sanatorium bei Wien. Seit 1908 arbeitete er als promovierter Jurist bei einer Versicherung und schrieb nur in seiner Freizeit. Er veröffentlichte sehr wenig und verfügte, dass seine Werke nach seinem Tod vernichtet werden sollten. Über diesen Wunsch setzte sich sein Freund Max Brod hinweg. – Kafkas Romane und Erzählungen thematisieren das Ausgeliefertsein des modernen Menschen an anonyme Mächte, deren Wirken er nicht durchschaut. Zu den bedeutendsten Texten gehören der Roman *Der Prozess* (ab 1913) und die Erzählung *Die Verwandlung* (1916).

Franz Kafka

Die Verwandlung

Als Gregor Samsa eines Morgens aus unruhigen Träumen erwachte, fand er sich in seinem Bett zu einem ungeheuren Ungeziefer verwandelt. Er lag auf seinem panzerartig harten Rücken und sah, wenn er den Kopf ein wenig hob, seinen gewölbten, braunen, von bogenförmigen Versteifungen geteilten Bauch, auf dessen Höhe sich die Bettdecke, zum gänzlichen Niedergleiten bereit, kaum noch erhalten konnte. Seine vielen, im Vergleich zu seinem sonstigen Umfang kläglich dünnen Beine flimmerten ihm hilflos vor den Augen. [...]

Wer hatte in dieser abgearbeiteten und übermüdeten Familie Zeit, sich um Gregor mehr zu kümmern als unbedingt nötig war? Der Haushalt wurde immer mehr eingeschränkt; das Dienstmädchen wurde nun doch entlassen; eine riesige knochige Bedienerin mit weißem, den Kopf umflatterndem Haar kam des Morgens und des Abends, um die schwerste Arbeit zu leisten; alles andere besorgte die Mutter neben ihrer vielen Näharbeit. Es geschah sogar, dass verschiedene Familienschmuckstücke, welche früher die Mutter und die Schwester überglücklich bei Unterhaltungen und Feierlichkeiten getragen hatten, verkauft wurden, wie Gregor am Abend aus der allgemeinen Besprechung der erzielten Preise erfuhr. Die größte Klage aber war stets, dass man diese für die gegenwärtigen Verhältnisse allzu große Wohnung nicht verlassen konnte, da es nicht auszudenken war, wie man Gregor übersiedeln sollte. Aber Gregor sah wohl ein, dass es nicht nur die Rücksicht auf ihn war, welche eine Übersiedlung verhinderte, denn ihn hätte man doch in einer passenden Kiste mit ein paar Luftlöchern leicht transportieren können; was die Familie hauptsächlich vom Wohnungswechsel abhielt, war vielmehr die völlige Hoffnungslosigkeit und der Gedanke daran, dass sie mit einem Unglück geschlagen war wie niemand sonst im ganzen Verwandten- und Bekanntenkreis. Was die Welt von armen Leuten verlangt, erfüllten sie bis zum Äußersten, der Vater holte den kleinen Bankbeamten das Frühstück, die Mutter opferte sich für die Wäsche fremder Leute, die Schwester lief nach dem Befehl der Kunden hinter dem Pulte hin und her, aber weiter reichten die Kräfte der Familie schon nicht.

Kafka, S. 21, 50 f.

Es ist Iwonas Cousine Ewa, die Iwona mit Gregor Samsa aus Kafkas Erzählung vergleicht (S. 241 f.).

1 Tragen Sie stichpunktartig zusammen, was Ewa über Iwonas Charakter und Lebensverhältnisse sagt.

2 Überlegen Sie, was Ewa zu dem Vergleich Iwonas mit Gregor Samsa veranlasst.

Baugrund und Fundament

Das fremde, gefühllose Wesen mit dem Panzer

Peter Stamm erwähnt an einer nicht unwichtigen Stelle Franz Kafkas Erzählung *Die Verwandlung*, und zwar, als Alex Iwonas Cousine Ewa trifft und zum ersten Mal nach fünfzehn Jahren etwas mehr über Iwona erfährt. Mit Bezug auf Gregor Samsa nennt Ewa Iwona „ein fremdes, gefühlloses Wesen, das sich bei ihren Eltern eingenistet habe" (S. 242). Der Cousine erscheint Iwona als Wesen mit einem Panzer, „den niemand durchdringen konnte" (S. 242). Sie beantwortet damit die von Alex auf S. 73 gestellte Frage, „welches Tier zu Iwona passte".

Die vielschichtige Erzählung Kafkas kann hier nicht einmal annähernd erarbeitet werden. Auch muss man feststellen, dass Ewas angedeutete Interpretation, Gregor sei ein fremdes, gefühlloses Wesen, das die Fürsorge der Eltern einseitig ausnutze, sehr oberflächlich ist und der komplexen Familiensituation nicht im Entferntesten gerecht wird. Dies ist aber auch nicht nötig, da Ewa die für ihren Vergleich relevanten Eigenschaften Gregors nennt und sich ansonsten auf die ausführlich dargelegten Erfahrungen mit Iwona konzentriert. Diese Kopiervorlage dient somit auch nur dazu, den chrakterisierenden Vergleich aufzuhellen und neugierig auf die Lektüre der Kafka-Erzählung zu machen.

1 Lösung

Ewa sagt über Iwona:

- „Sie war immer ein Dickschädel [...]." (S. 237)
- Sie schicke immer noch Geld nach Hause, obwohl die Familie sie verstoßen habe. (Vgl. S. 238.)
- Die halbe Verwandtschaft sei von ihr abhängig, aber gern habe man sie nicht. (S. 238)
- Ihr Leben bestehe nur aus Arbeit. (S. 238)
- Sie wohne stets in vollgestopften, stickigen Zimmern. (S. 239)
- Sie sei ein verhätscheltes Einzelkind, das nicht gelernt habe, anderen Kindern etwas abzugeben oder etwas zu teilen. (S. 241)
- In der Schule sei sie eine Außenseiterin gewesen, die nie Freundinnen gehabt hätte. (S. 241)
- Sie sei als Kind extrem schweigsam und störrisch gewesen. (S. 241)
- Sie hätte oft Krankheiten gehabt, die nicht genau diagnostiziert werden konnten. (S. 241)
- Sie sei sogar ihren Eltern „immer irgendwie fremd geblieben". (S. 242)
- Sie sei selbstsüchtig. (S. 242)
- Sie hätte nähere Kontakte zu Männern stets vermieden. (Vgl. S. 242.)
- Sie sei illegal nach Deutschland gegangen, nachdem der Vater die Arbeit verloren habe und krank geworden sei. (S. 243)
- Sie lasse sich von ihr (Ewa) selbstverständlich unterstützen, ohne jemals etwas für sie zu tun. (S. 243)
- Sie habe als Kind ihre Katze zu Tode gequält. (S. 245)
- Außerhalb der Arbeit habe sie mit niemandem Kontakt, sie grenze sich von allen Menschen ab. (S. 246)
- Sie sei mit 46 Jahren noch immer nicht erwachsen. (S. 247)

2 Die offensichtlichste Parallele zu Gregor Samsa ist, dass auch Iwona die Familie ernährt, die vollkommen von ihr abhängig ist. Die Familie schickt Iwona in die Illegalität nach Deutschland und bricht mit ihr, nachdem sie von der Schwangerschaft erfährt; Iwona bleibt trotz aller Aufopferung ungeliebt und räumlich abgesondert.

Dieses Schicksal erfährt auch Gregor Samsa: Die Familie Samsa trauert um den Ernährer, nicht jedoch um den Sohn und Bruder, der immer stärker vernachlässigt wird. Gregors Fremdheit in der eigenen Familie wird durch den Panzer und das zurückgezogene Leben in dem verwahrlosten Zimmer symbolisiert.

Auch Iwona gelingt es nicht, zu anderen Menschen einen freundschaftlichen Kontakt zu pflegen, sie bleibt isoliert und hält sich außerhalb der Arbeitszeiten vor allem in einem stickigen Zimmer auf.

Ganz stimmig ist der Vergleich zwischen Gegor Samsa und Iwona aber nicht. Ewa berichtet, dass die Eltern in der Kindheit stets alles für Iwona getan hätten und diese ihnen dennoch fremd geblieben sei und sich bei ihnen „eingenistet" habe.

Gregor „nistet" sich als Käfer auch bei seiner Familie ein; aber erst, nachdem er seine eigenen Ansprüche jahrelang für die Familie zurückgestellt und sich für diese aufgeopfert hat. Dies hat u. a. zur Folge, dass die eigentlich noch gar nicht so gebrechlichen Eltern und die gar nicht mehr kindliche Schwester ihr Leben in die Hand nehmen und für sich selbst sorgen müssen.

Zusatzmaterialien

Eine Beziehung vom Reißbrett

Peter Stamm

Der Lauf der Dinge

ICH SAGE NICHT, sie haben uns belogen, sagte Alice, aber sie haben uns nicht die Wahrheit gesagt. Das ist doch immer so, sagte Niklaus seufzend und legte die Finger zwischen die Seiten des Reiseführers, in dem er geblättert hatte, es ist immer anders, als man es sich vorgestellt hat. Es ist immer anders, als die Leute im Reisebüro behaupten, sagte Alice, es ist immer schlechter. Meinetwegen, sagte Niklaus. Die Diskussion hatten sie schon mindestens fünfmal geführt, seit sie hier waren. Alice hatte sich das Ferienhaus größer vorgestellt, schöner eingerichtet und mit einem gepflegteren Garten. Sie hat sich ihr Leben anders vorgestellt, dachte Niklaus, das ist das Problem, nicht ein durchgesessenes Sofa oder ein schmutziger Backofen. Der Backofen starrt vor Schmutz, sagte Alice. Fünf Minuten zum Meer!, sagte sie mit einem höhnischen Lachen. Du benutzt den Backofen doch sowieso nie, sagte Niklaus. Und ob es fünf oder zehn Minuten sind zum Meer, was spielt das für eine Rolle, wir sind in den Ferien. Natürlich ging es nicht um fünf Minuten. Es ging darum, dass Alice sich betrogen vorkam, übervorteilt, und dass Niklaus sich wieder einmal nicht für sie einsetzte und alles einsteckte. Du lässt dir alles gefallen, sagte sie. Er sagte, wir könnten nach Siena fahren. […]

Alice hatte nie Kinder gewollt. Als Niklaus das herausgefunden hatte, war er erleichtert gewesen und hatte gemerkt, dass er nur aus Konvention davon ausgegangen war, irgendwann eine Familie zu haben. Wenn sie gelegentlich über das Thema sprachen, war es nur, um sich gegenseitig zu versichern, sie hätten die richtige Entscheidung getroffen. Vielleicht stimmt etwas nicht mit mir, sagte Alice dann mit selbstzufriedenem Gesicht, aber ich finde Kinder anstrengend und langweilig. Vielleicht fehlt mir ein Gen. Sie arbeiteten beide gerne und viel, Alice als Kundenberaterin einer Bank, Niklaus als Ingenieur. Hätten sie Kinder gehabt, hätte einer von ihnen auf seine Karriere verzichten müssen, und dazu war keiner von ihnen bereit. Sie reisten in exotische Länder, hatten eine Trecking-Tour in Nepal gemacht und eine Kreuzfahrt in die Antarktis. Sie gingen oft ins Konzert oder ins Theater, und auch sonst waren sie viel unterwegs. Das alles wäre mit Kindern nicht möglich gewesen. Nur manchmal dachte Niklaus, dass eine Familie vielleicht nicht nur Unfreiheit bedeute, sondern auch Freiheit, dass er und Alice unabhängiger voneinander geworden wären, wenn erst ihre Liebe und später ihr Überdruss nicht so ausschließlich gewesen wären. […]

Seerücken, S. 27 f. und S. 33

Im Jahr 2011 erschien Peter Stamms *Seerücken*, ein Band mit mehreren kürzeren Erzählungen.
In der Erzählung *Der Lauf der Dinge* stellt er ein kinderloses Paar vor, das in Italien seinen Urlaub verbringt.

1 Tragen Sie stichwortartig die genannten Charaktereigenschaften der beiden Figuren zusammen.

2 Markieren Sie auf einer Skala von 0 (sehr unzufrieden) bis 10 (glücklich) den Grad von Alice' bzw. Niklaus' Zufriedenheit in ihrer Beziehung.

3 Diskutieren Sie den letzten Satz des Textausschnitts.
Inwiefern kann eine Familie auch Freiheit für die Partner bringen?

4 Im weiteren Verlauf der Erzählung zieht eine Familie mit zwei kleinen Kindern in das benachbarte Ferienhaus ein und es kommt zu einem einschneidenden Ereignis.
Spekulieren Sie über den Fortgang der Handlung.

5 Vergleichen Sie das Paar Alice und Niklaus mit den Paaren aus dem Roman *Sieben Jahre* (vgl. KV 10).
Gibt es Ähnlichkeiten?

Zusatzmaterialien

Der „Architekt" des Romans

Peter Stamm, 2006

Peter Stamm, 1963 in Scherzingen in der Schweiz geboren, studierte nach einer kaufmännischen Lehre einige Semester Anglistik, Psychologie und Psychopathologie. Er hatte längere Aufenthalte in Paris, New York, Berlin und London.
Seit 1990 arbeitet er als freier Autor und Journalist und verfasste mehrere Hörspiele für Radio DRS 1, DRS 2, Radio Bremen, den WDR und den Südwest Rundfunk, ebenfalls Theaterstücke und Beiträge für verschiedene Bücher.
Sein erster Roman, *Agnes*, erschien 1998 im Arche Verlag Zürich und Hamburg. Im selben Verlag erschienen 1999 die Kurzgeschichtensammlung *Blitzeis*, 2001 der Roman *Ungefähre Landschaft* und 2003 Erzählungen unter dem Titel *In fremden Gärten*. 2006 erschien im S. Fischer Verlag sein Roman *An einem Tag wie diesem*, 2008 die Erzählsammlung *Wir fliegen* und 2009 der Roman *Sieben Jahre*.
Lesereisen führten ihn bisher unter anderem nach China, Mexiko, Russland und in den Iran.

Nach: www.peterstamm.ch (Stand: 1.6.2011)

Peter Stamm

Mein Weg zum Schriftsteller

Meine frühesten Berufswünsche hatten nichts mit Literatur zu tun. Erst wollte ich Schiffsbauer werden, später Professor, ich weiß nicht mehr – und wusste wohl auch damals nicht – welcher Wissenschaft. Pilot wollte ich nie werden, dafür Koch und Fotograf und eine Zeit lang Werber und Kriminalist und wohl noch einiges mehr, woran ich mich nicht erinnere.
Immerhin waren die Deutschstunden schon in der Schule meine liebsten, schrieb ich schon damals gerne Aufsätze und dachte mir überhaupt immer Geschichten aus, wenn ich mich in der Schule oder an freien Nachmittagen langweilte. Ich war Huckleberry Finn, wenn wir im Wald ein Floß bauten, das es dann nie auf das Wasser schaffte, und wenn ich im Winter mit dem Fahrrad zur Blockflötenstunde fuhr, war ich ein Polarforscher, und oft und bei verschiedenen Gelegenheiten war ich ein Agent in geheimer Mission.
Mein erster erhaltener Text ist ein Rezept für Habermus, den ich im Kindergarten schrieb, ein anderer früher Text ein Gedicht auf Ferdi Kübler, einen Radrennfahrer, der mir einmal eine Autogrammkarte geschenkt hatte und eine Schirmmütze.
Wann genau ich mich für das Schreiben als Beruf entschied, weiß ich nicht mehr. Ich weiß nur noch, dass ich in der Silvesternacht vor meinem zwanzigsten Geburtstag die Idee zu einem Roman hatte, die ich erst Jahre später zu ihrem schlechten Ende führte.
Wie man Schriftsteller wurde, wusste ich nicht, und hätte ich damals gewusst, dass es noch fünfzehn Jahre dauern würde, bis mein erster Roman erscheint, hätte ich wohl kaum weitergemacht. Aber das Schreiben war neben vielen anderen Dingen, die ich ausprobierte, die erste Beschäftigung, die mich nie langweilte, die mich immer herausforderte. Ich hatte und habe nie das Gefühl, ganz das zu erreichen, was ich erreichen will.
Ich „muss" nicht schreiben, aber ich liebe das Schreiben mehr als jede andere Beschäftigung.

www.peterstamm.ch (Stand: 1.6.2011)

Auf der Homepage www.peterstamm.ch finden Sie zahlreiche Textausschnitte aus den Romanen, Theaterstücken und Hörspielen des Autors, die einen Eindruck von seinem Werk geben sollen. Darunter ist auch ein Ausschnitt aus *Sieben Jahre*.

1 Überlegen Sie, welche(n) Abschnitt(e) aus dem Roman Sie ins Netz stellen würden, um den BesucherInnen einen aussagekräftigen Eindruck von dem Text zu vermitteln.
Vergleichen Sie anschließend Ihre Auswahl mit dem Abschnitt auf der Homepage.

2 Lesen Sie andere Texte von Peter Stamm und stellen Sie einen vor, der Sie neugierig gemacht hat.

Vorschläge für Klassenarbeiten

Ein Hesse-Zitat als Lebensmotto und -strategie Sonjas

Aufgabenart: Untersuchendes Erschließen

Aufgabe
Sonja zitiert mehrfach den Dichter Hermann Hesse:
„Damit das Mögliche entsteht, muss immer wieder das Unmögliche versucht werden." (S. 110, 137)
Untersuchen Sie, inwiefern Sonja als Ehefrau, Architektin und Mutter diesem Anspruch gerecht wird.

Arbeitshinweis: Klären Sie, in welchem Kontext das Zitat jeweils vorkommt.
Beziehen Sie es auf verschiedene Lebenssituationen Sonjas und prüfen Sie, ob diese Maxime erfolgreich ist.

Das Kind ohne Mutter

Aufgabenart: Gestaltendes Erschließen

Aufgabe
Stellen Sie sich vor, die inzwischen 18-jährige Sophie erfährt von Alex die Hintergründe ihrer Adoption und zieht ihn zur Rechenschaft.
Schreiben Sie hierzu ein weiteres Roman-Kapitel.

Arbeitshinweis: Schreiben Sie bitte zwei Texte.
Im ersten Text erläutern Sie Ihre Überlegungen zur Gestaltung des Kapitels und begründen die Reaktion Sophies auf die Familienverhältnisse sowie die Art der Rechtfertigung des Vaters.
Der zweite Text stellt das Romankapitel dar.
Orientieren Sie sich hinsichtlich der Sprache und der Erzählperspektive an Peter Stamms Stil.

Lieben und geliebt werden

Aufgabenart: Erörterndes Erschließen

Aufgabe
Die Literaturkritikerin Sandra Kegel sagt über Peter Stamms Roman *Sieben Jahre*:
„Dass es vielleicht schlimmer ist, nicht zu lieben, als nicht geliebt zu werden, davon handelt dieses Buch. So gesehen, sind Alex und Sonja mindestens so sehr Opfer wie die sich aufopfernde Iwona [...]." (Kegel, „Iwona, die Biergartenprinzessin")
Erörtern Sie die Aussage Sandra Kegels zum zentralen Thema des Romans und zur Opferrolle der ProtagonistInnen.

Arbeitshinweis: Belegen Sie Ihre zentralen Aussagen mit Textstellen.

Vorschläge für Referate, Projekte, Facharbeiten

Architektur im 20. Jahrhundert

Recherchieren Sie zu den Meisterhäusern von Dessau.
Gestalten Sie ein Referat mit Abbildungen oder selbst gebauten Modellen und erläutern Sie die in den Häusern verwirklichten Ideen vom modernen Wohnen.
Setzen Sie Ihre Kenntnisse in Bezug zu den Figuren aus Peter Stamms Roman.

Recherchieren Sie zur Architektur des Dekonstruktivismus.
Gestalten Sie ein Referat mit Abbildungen oder selbst gebauten Modellen bzw. planen Sie eine Exkursion zu einem entsprechenden Bauwerk.
Setzen Sie Ihre Kenntnisse in Bezug zu den in Peter Stamms Roman immer wieder geführten Diskussionen über den Dekonstruktivismus.

Auf der Autofahrt nach Marseille stellt Alex die Frage: „Was hat Le Corbusier eigentlich im Krieg gemacht?" (S. 65) und erhält von Sonja nur eine vage Auskunft („Sonja sagte, das sei nicht ganz klar, aber er sei ganz bestimmt kein Faschist gewesen", S. 65).
Recherchieren Sie zu Alex' Frage und überlegen Sie sich, wie Sonjas Auskunft zu bewerten ist.

Recherchieren Sie, ob es von den im Roman genannten Architekten Gebäude in Ihrer Umgebung gibt.
Stellen Sie eine Besichtigungstour für Ihre Mitschülerinnen und Mitschüler zusammen.
Setzen Sie Ihren Eindruck von den Gebäuden in Beziehung zu den Äußerungen der Figuren im Roman.

Gregor Samsa und Iwona – Außenseiter und Sonderlinge

Lesen Sie Franz Kafkas Erzählung *Die Verwandlung* und halten Sie einen ausführlichen Vortrag zu ihrem Inhalt, zum Autor, zur Rezeption und zu unterschiedlichen Deutungsansätzen.

Überlegen Sie, ob Sie weitere literarische Werke kennen, in denen sozial isolierte Personen oder Sonderlinge eine tragende Rolle spielen.
Stellen Sie diese Figuren vor und suchen Sie nach Gemeinsamkeiten.

Leben in der Illegalität

Recherchieren Sie zur aktuellen Situation von Illegalen in Deutschland/Europa.
Stellen Sie aktuelles Zahlenmaterial und Zeitungsberichte zusammen.
Stellen Sie die Gründe für das Leben in der Illegalität dar und die Positionen der Flüchtlingsverbände und Kirchen.

Adoption

Recherchieren Sie, welche psychologischen Folgen eine Adoption und das Nicht-Kennen der Eltern für das adoptierte Kind haben können.
Ermitteln Sie dabei auch, auf welche Theorien sich Sonjas Vater (vgl. S. 210–213) bezieht.

Der Autor Peter Stamm

Stellen Sie einen weiteren Roman oder eine Erzählung von Peter Stamm vor.
Geben Sie eine Leseempfehlung.

Quellenverzeichnis und Literaturhinweise

Quellenverzeichnis

In der Regel sind die Quellenangaben den Texten und Abbildungen direkt zugeordnet.
Hier einige Zusatzinformationen:

S. 4, am Eingang des Vorworts:
       www.literaturcafe.de/sieben-jahre-peter-stamm-im-gespraech-buchmesse-podcast-2009
       (Stand: 1.6.2011)
S. 6, Foto links: Münchner Frauenkirche, 2007; Foto rechts: Marseille, Kathedrale Notre-Damedela-Major, 2005
S. 7, am Eingang der Einführung:
       http://handlungsreisedialog.blogwerft.de/2008/02/22/peter-stamm/ (Stand: 1.6.2011)
S. 12, Aufg. 6:   www.zeit.de/online/2009/34/peter-stamm-spaziergang (Stand: 1.6.2011)
S. 23, Aufg. 4:   www.zeit.de/online/2009/34/peter-stamm-spaziergang (Stand: 1.6.2011)

Leider ist es uns nicht gelungen, mit allen Rechteinhabern in Kontakt zu treten.
Berechtigte Ansprüche werden selbstverständlich im Rahmen der üblichen Bedingungen abgegolten.

Literaturhinweise

Boullée, Étienne-Louis: Architektur. Abhandlung über die Kunst. Aus dem Französischen übersetzt von Hanna Böck. Zürich und München: Artemis Verlag für Architektur 1987
Berlinische Galerie (Hrsg.): Aldo Rossi – Architekt. Berlin: Christoph Links Verlag 1993
Curtis, William J. R.: Architektur im 20. Jahrhundert. Stuttgart: Deutsche Verlags-Anstalt 1989
Echtermeyer. Deutsche Gedichte. Auswahl für Schulen. Hrsg. von Elisabeth K. Paefgen und Peter Geist. Berlin: Cornelsen [20]2010
Dreier, Ricarda (Hrsg.): Literatur der 90er-Jahre in der Sekundarstufe II: Judith Hermann, Benjamin von Stuckrad-Barre und Peter Stamm. Hohengehren: Schneider Verlag 2005 (Reihe „Deutschdidaktik aktuell")
Götsch, Antonia: Illegale Einwanderer: Ohne Papiere – aber immer mit Fahrschein. http://www.spiegel.de/politik/deutschland/0,1518,344560,00.html (Stand: 1.6.2011)
Kafka, Franz: Die Verwandlung. Berlin: Cornelsen 1997 (Reihe „Klassische Schullektüre")
Kegel, Sandra: „Iwona, die Biergartenprinzessin". http://www.faz.net.de (Stand: 1.6.2011)
Schnabel, Ulrich: Der unbewusste Wille. www.zeit.de/2008/17/Freier-Wille (Stand: 1.6.2011)
Stamm, Peter: Seerücken. Erzählungen. © 2011 by Peter Stamm. Alle Rechte vorbehalten S. Fischer Verlag GmbH, Frankfurt am Main.
Swientek, Christine: Was Adoptivkinder wissen sollten und wie man es ihnen sagen kann. Freiburg, Basel, Wien: Herder 1998
Werlitz, Jürgen: Das Geheimnis der heiligen Zahlen. Ein Schlüssel zu den Rätseln der Bibel. Wiesbaden: Marix Verlag 2004
Willi, Jürg: Die Zweierbeziehung. Spannungsursachen, Störungsmuster, Klärungsprozesse, Lösungsmodelle. Analyse des unbewussten Zusammenspiels in Partnerwahl und Paarkonflikt: das Kollusionskonzept. Copyright © 1975 by Rowohlt Verlag GmbH, Reinbek bei Hamburg

www.peterstamm.ch (Stand: 30.1.2011)